职业教育校企合作双元

U0594006

短视频文案写作项目化教程

李 光　程 智／主编

厦门大学出版社
XIAMEN UNIVERSITY PRESS

国家一级出版社
全国百佳图书出版单位

图书在版编目（CIP）数据

短视频文案写作项目化教程 / 李光，程智主编. --
厦门：厦门大学出版社，2023.6
（职业教育校企合作双元开发立体化教材系列 / 许舟
鸿主编）
ISBN 978-7-5615-8803-1

Ⅰ．①短… Ⅱ．①李… ②程… Ⅲ．①网络营销－营
销策划－中等专业学校－教材 Ⅳ．①F713.365.2

中国版本图书馆CIP数据核字(2022)第189690号

出 版 人	郑文礼
责任编辑	姚五民
封面设计	蒋卓群
美术编辑	张雨秋
技术编辑	许克华

出版发行　厦门大学出版社

社　　址	厦门市软件园二期望海路39号
邮政编码	361008
总　　机	0592-2181111　0592-2181406(传真)
营销中心	0592-2184458　0592-2181365
网　　址	http://www.xmupress.com
邮　　箱	xmup@xmupress.com
印　　刷	厦门金凯龙包装科技有限公司

开本	787 mm×1 092 mm　1/16
印张	10.25
字数	236 千字
版次	2023 年 6 月第 1 版
印次	2023 年 6 月第 1 次印刷
定价	42.00 元

厦门大学出版社
微信二维码

厦门大学出版社
微博二维码

编委会

主　编：李　光　（福建省湄洲湾职业技术学校）

　　　　程　智　（福建省湄洲湾职业技术学校）

副主编：阮雨婷　（福建省湄洲湾职业技术学校）

　　　　程　琳　（福建省湄洲湾职业技术学校）

　　　　黄晓雷　（福建省泉州华侨职业中专学校）

　　　　赵淑娟　（福建优乐享数字技术有限公司）

扫码获取多媒体资源

前　言

党的二十大报告指出："教育、科技、人才是全面建设社会主义现代化国家的基础性、战略性支撑。"培养什么人、怎样培养人、为谁培养人是教育的根本问题。育人的根本在于立德，我们教师应该全面贯彻党的教育方针，落实立德树人根本任务，培养德智体美劳全面发展的社会主义建设者和接班人。

短视频文案写作是中等职业学校数字媒体、电子商务等专业的核心课程之一。本教材按照项目化课程教材体例编写，共设七个项目，包含 22 个任务。每个项目包含项目描述和学习目标。项目一主要介绍短视频文案写作的基础理论知识，项目二至项目六以掌握实操技能为主，分别讲授生鲜农产品、日常生活用品、服装服饰品、化妆品和手工艺品共五个类别的产品短视频文案写作，项目七是短视频文案优秀案例分析。通过本课程学习，学生将掌握短视频文案写作知识、短视频文案写作技能，并具备从事新媒体、短视频运营工作的基本职业能力。

为了促进产教融合，深化教学改革，编者总结多年教学经验，在充分考虑中职学生的文化水平与学习特点的基础上，编写了本教材。本教材主要突出以下特色：

1. 打破传统学科知识结构体系，采用项目化、任务式编写体例，坚持以学生为中心，以培养学生职业实践能力为主线，从应用角度出发，采用"教、学、做"相结合的构架，使学生能够循序渐进学习知识，符合中职学生学习特点。

2. 以市场为导向，面向职业岗位群体，根据企业实际工作任务，以工作岗位典型工作任务为切入口，以工作过程为导向，按照项目实施过程精心组织教材内容。

本教材配有电子教案、PPT 课件、微视频等教学资源，可作为中等职业学校数字媒体、电子商务等专业的教材，也可作为相关专业职业培训用书及短视频运营爱好者的自学资料。

由于作者水平有限，书中难免有疏漏和不足之处，欢迎广大读者提出宝贵意见。

编者

2023 年 2 月

目 录

项目一 短视频文案写作

项目描述

移动互联网时代，短视频悄悄地走进我们的生活，成为我们生活中必不可少的一部分。短视频的出现更好地代替了图文、音频的阅读方式，短视频平台异常火爆，人人都是创作者，人人都是自媒体。优秀的短视频文案更能够与观众建立情感连接，能够给短视频账号带来流量。那么，你了解短视频吗？知道如何更好地进行短视频文案写作吗？本项目将通过五个学习任务，带领大家初步认识短视频文案，了解短视频文案的写作要求、写作逻辑和写作工具。

学习目标

1. 知识目标

（1）了解短视频的概念、特点和发展历程。

（2）了解短视频文案的概念、特点和内容。

（3）了解短视频文案的写作要求。

（4）生鲜农产品短视频文案标题和内容的写作方法。

2. 能力目标

（1）掌握短视频文案写作逻辑后，进行针对性的写作思维训练，提升文案写作的基本能力。

（2）熟悉短视频文案写作工具，能够将其运用在实践中。

3. 素质目标

（1）从短视频文案策划的学习中，了解短视频文案写作概要和要求，培养具有自主意识、逻辑意识和创新能力的短视频文案写作人才。

（2）通过短视频文案写作能力训练，培养学生的营销意识、社会参与意识和操作意识。

任务一　短视频概述

一、短视频的概念

短视频从字面意义来理解，"短"意味着播放持续时间较短，而"视频"则是一种表现形式。短视频顾名思义是相较于长视频而言的，长视频就是指我们通常看到的"时间长度在半个小时以上的，具有一定故事情节的视频，形式有电影、电视剧等等"，从时间上看电影的时长一般在 90~120 分钟，一集电视剧的时长在 30~60 分钟，一集网络综艺节目的时长则在 15~60 分钟，所以大概可以得出短视频的时间在 15 分钟以内。而在移动互联网条件下，碎片化的观看时间使得观众注意力只能维持 3~5 分钟，从目前国内主流的短视频应用来看，宣称"10 秒拍大片"的秒拍，实际上普通用户最多可以拍摄 60 秒的短视频（超过 60 秒属于特权，需秒拍官方开放权限），快手拍摄时长一般为 10 秒左右，美拍则可以拍摄 5 分钟的短视频。一下科技发布的《2016 短视频内容生态白皮书》中指出，短视频平台的短视频时长在 5 分钟以内。艾瑞咨询在《2016 年中国短视频行业发展研究报告》中提到短视频行业的特点时也认为"短视频长度一般控制在 5 分钟以内"。综上，这里也认为短视频的"短"是指时长在 5 分钟以内的视频。

除了时间短外，短视频的表现形式也是区别于普通视频的重要地方。例如工具性的短视频应用都支持快速美化，可以进行简单的剪辑，添加滤镜、场景和配音等，并可快速分享至短视频平台、微博、微信、QQ 等，做到随时随地拍摄上传。智能手机出现之前虽然也有拍照手机支持拍照和摄像，但像素较低，成像质量较差，且无法进行编辑，同时由于上网资费的限制无法进行上传和分享，使其应用并不普遍。随着智能手机技术的发展，手机像素 1200 万已成标配，成像更加清晰，智能手机可自由安装软件的优势让手机真正成为媲美电脑的智能终端。目前手机应用市场上存在着多种短视频应用，如秒拍、美拍、快手、小影等，这些短视频应用以多样的编辑效果、较低的拍摄成本成为短视频生产的主要工具。

艾瑞咨询发布的《2016 年中国短视频行业发展研究报告》中将短视频定义为"一种视频长度以秒计数，主要依托于移动智能终端实现快速拍摄和美化编辑，可在社交媒体平台上实时分享和无缝对接的一种新型视频形式"。大数据分析公司易观智库发布的《中国短视频市场主题研究报告 2016》中认为短视频是指"视频长度不超过 20 分钟，通过短视频平台拍摄、编辑、上传、播放、分享、互动的，视频形态涵盖纪录片短片、DV 短片、视频剪辑、微电影、广告片段等的视频短片的统称"。

综上，我们认为短视频是指"由用户生产的时长不超过 5 分钟的一种视频形式，它能够快速美化编辑，并能随时随地分享至社交平台"。

二、短视频的主要特点

短视频是伴随着移动互联网快速发展而出现的一种新的信息传播形态，它的出现改变了传统视频内容的传播模式。短视频应用的出现适应了互联网环境下信息生产与传播的新形式,其在生产、制作、传播等方面表现出新的特点。

(一)生产制作门槛低

短视频因其短小精悍的特点使其对生产制作方面的要求有所降低,用户只需一部智能手机即可完成短视频的生产制作。通过手机进行拍摄,然后使用短视频平台的剪辑、美化、配乐等功能进行编辑制作即可进行上传分享与互动。短视频制作低门槛化适应了用户碎片化的媒介接触习惯,大大降低了用户的生产成本,同时,满足了用户随拍随传的使用需求。

目前短视频平台功能更加人性化,大多短视频应用平台都具有拍摄、美化、声音调节、音乐添加、特效制作等功能,用户通过短视频平台就可完成视频的拍摄、编辑、美化、上传、分享、互动等操作,这使得短视频的生产制作更加便捷化、传播更加及时化,实现了短视频的即拍即编即传。反观传统长视频,其在设备使用、内容策划、编辑剪辑、包装制作等方面都有较高的要求,这无疑增加了视频的制作成本,影响传播效率。艾媒咨询公司调查数据显示,63.8%的被调查者表示移动短视频应用平台的使用门槛低、操作简单,54.0%的被调查者认为使用移动短视频应用平台可随时随地制作视频,非常方便。

(二)用户参与度高

生产制作门槛低、内容承载量高、碎片化传播等因素使得短视频应用更加符合用户的媒介使用习惯。用户不仅可以利用碎片化的时间进行短视频内容的观看,同时可以利用平台来生产与传播短视频内容,此时的用户不再有传者与受者之分,他们既是生产者又是消费者,用户可以参与到内容生产与传播的各个环节,这无疑激发了用户的创作欲,用户的使用体验与表达欲望得到更高的满足。纵观各大移动短视频应用平台,它们均把用户生成内容(UGC)作为内容生产的主要方式,用户成为移动短视频市场生态中重要的一环。根据中国互联网络信息中心(CNNIC)发布的第49次《中国互联网络发展状况统计报告》,截至2021年12月,短视频用户规模9.34亿人,使用率90.5%,短视频应用平台完善的功能极大地满足了用户的使用体验,提升了用户内容生产的主动性与创造性。

(三)分发渠道多样化

传统长视频在生产制作上需要有较高的技术水准,在传播渠道上也受到极大限制,传统视频内容由于时长较长,需要在电脑设备上完成视频的剪辑与上传的任务,这无疑耗费了过多的时间,无形中降低了视频的传播效率,对于突发性事件新闻报道的时效性将有所降低。移动短视频在生产、制作、传播上就显得相对简单,用户只要通过移动端即可完成视频的生产、制作、上传等工作,随拍随传的特点保证了视频内容的时效性,这对于新闻报道尤为重要。同时,短视频的传播媒介不局限于移动短视频应用平台,用户通过一键转发的功能就可将短视频分享到各大移动社交平台,这极大地提升了短视频内容的传播效率。

(四)传播使用碎片化

相对于长视频而言,用户利用碎片化的时间就可以在短视频中获得丰富的信息内容。为了适应快节奏的生活方式,如今各大短视频应用平台纷纷压缩视频制作时长,移动短视频开启了"读秒时代",以"秒"为单位成为短视频最大的特征,从起初的几分钟到如今的15秒,移动短视频时长越来越短,短短几秒的时长传递出比文字、图片更加生动丰富的信息。碎片化的短视频恰到好处地填充了人们琐碎的时间,使无聊的生活变得有趣。

(五)视频信息共享化

相比传统长视频而言,移动短视频打破了原有信息的单线传播,互动传播成为移动短视频应用的显著特征。移动短视频应用平台具有点赞、评论、回复、转发等功能,同时,短视频平台作为典型的社群平台,这里聚集了众多和自己有相同兴趣爱好的群体,用户可以将个人作品上传到平台,与朋友或平台用户进行交流互动,用户也可以根据自己的喜好对他人作品进行点赞、评论、转发等操作。

三、短视频的发展历程

(一)短视频的发展历程

短视频萌芽于早期的互联网视频广告。在早期,互联网视频短片广告主要是作为企业品牌战略营销的一小部分而存在的,同时也开启了中国互联网视频广告病毒式营销的新纪元。

2005年,在百度的"百度,更懂中文"的品牌活动中,其利用三个网络视频短片广告——《唐伯虎篇》《孟姜女篇》《刀客篇》,将周星驰电影风格的诙谐荒诞感与百度三个关键概念"中文""第一""搜索"相结合,卖点新奇,风格新颖,在影响最核心的易感受众后,其传播速度呈现几何式增长。"百度的三个短片仅仅通过员工给朋友发邮件,以及在一些小视频网站挂出下载链接等方式扩散开来,传播人群超过2000万人次。"

随着2008年以后我国互联网相关重要技术领域趋于成熟,网络视频广告的形式也变得多样化。2011年作为网络微电影元年,各大品牌充分对接互联网微电影的传播特色,其生动丰富的故事情节、深入人心的细节展现等,将原本给人轰炸感的硬式广告变得柔软,不被限制的广告时长,更能较全面地展现品牌理念。如益达无糖口香糖《酸甜苦辣》系列微电影广告、雪弗兰微电影广告《老男孩》等,无论从传播量级还是传播效果看,网络微电影视频广告在这一时间所取得的成功都是有目共睹的。早期的网络视频广告作为短视频的萌芽,其充分利用网络信息传输的便捷性、低成本性,为探索广告更多可能的传播渠道、传播形式发挥了不可替代的作用。

2014年之后,随着4G移动互联网技术的全面应用与媒介融合时代的来临,手机移动端成为网络视频广告的传播输出的主要阵地。这一时期短视频的发展得益于各类短视频App的发展。2014年二更、一条等原创短视频团队的出现,由专业化团队创作的短视频广告也开始涌现并快速兴起。到了2016年,抖音正式上线,并于2017年呈现爆发式发展态势。

2014年至今,短视频逐渐成为个人、企业或品牌重要的营销方式之一。用户利用平台实时对接广告受众能够达到交流顺畅、及时反馈的效果,并且因短视频创作环境的多元化,专业化团队以及大众自媒体的短视频能够同时发挥着重要作用。中国短视频行业自4G网络开始普及后便实现高速发展，并且诞生了抖音、快手等数亿用户量级的平台，在移动互联网时代建立起强大的影响力。进入 2020 年，短视频行业已经进入沉淀期，新进入赛道的平台发展难度逐渐加大。而头部平台的规模优势显现，并且相继寻求资本化道路，行业竞争格局分明，如图 1-1-1 所示。

图 1-1-1 短视频行业发展历程

资料来源：前瞻产业研究院《2019 年中国短视频行业研究报告》。

（二）短视频的发展原因

当然，短视频的发展离不开以下几方面的影响。

1. 国家政策的支持

短视频的发展离不开良好的政策环境。党的十九大报告提出要加强应用基础研究，突出发展互联网技术，培养高水平网络人才，建设网络强国。此外，各级监管单位从完善法规、行业准入、内容建设等方面不断加强对网络视听领域的监管和指导，短视频应用平台在内容、渠道、营销等各环节受到更明确的指导，短视频市场从混乱逐渐走向有序。从 2016 年开始，广电总局、文化部、网信办等多部门纷纷发布政策法规来对网络视听领域进行监督和指导，为短视频应用市场的健康有序发展提供政策保障（如表 1-1-1）。

表 1-1-1 2016 年以来短视频行业政府发展和监管政策汇总

时间	政策发布及监管措施
2016 年 6 月	广电总局《专网及定向传播视听节目服务管理规定》(6 号令)
2016 年 7 月	广电总局《关于进一步加快广播电视媒体与新兴媒体融合发展的意见》 文化部《关于加强网络表演管理工作的通知》
2016 年 8 月	广电总局《关于进一步加强社会类、娱乐类新闻节目管理的通知》 网信办《移动互联网应用程序信息服务管理规定》
2016 年 9 月	广电总局《关于加强网络视听节目直播服务管理有关问题的通知》
2016 年 11 月	网信办《互联网直播服务管理规定》

（续表）

时间	政策发布及监管措施
2017 年 1 月	文化部《网络表演经营活动管理办法》
2017 年 6 月	广电总局《关于进一步加强网络视听节目创作播出管理的通知》 网信办《互联网新闻信息服务管理规定》《互联网新闻信息服务许可管理实施细则》 《互联网信息内容管理行政执法程序规定》
2017 年 7 月	国家公共信息网络安全监察规定短视频禁止文身、色情、低俗、暴力、约架等不良行为；将专项整治工作，加强对网络直播平台的规范管理
2018 年 4 月	广电总局，国家网信办均约谈了今日头条、快手两家主要负责人，要求"快手""火山小视频"暂停有关算法推荐功能； 国家广播电视总局责令今日头条永久关停"内涵段子"客户端软件及公众号并要求公司举一反三，全面清理视听节目产品； 针对抖音短视频平台涉嫌发布售假视频的舆情报道，北京市工商局海淀分局也对该平台经营主体北京微播视界科技有限公司进行约谈。约谈会上，企业负责人反映调查情况，表示针对平台涉嫌违规内容已采取删除、封禁措施
2018 年 7 月	国家网信办会同工信部、公安部、文化和旅游部、广电总局，全国"扫黄打非"办公室等五部门，开展网络短视频行业集中整治，依法处置了 19 家网络短视频平台； 国家版权局开展打击网络侵权盗版"剑网 2018"专项行动，15 家重点短视频平台共下架删除各类涉嫌侵权盗版短视频作品 57 万部，严厉打击涉嫌侵权盗版的违规账号，采取封禁账号、停止分发、扣分禁言等措施予以清理
2019 年 1 月	中国网络视听节目服务协会发布《网络短视频平台管理规范》和《网络短视频内容审核标准细则》，针对短视频平台出现的问题进行了全面规范，提出应当建立未成年人家长监护系统，先审后播；建立"违法违规上传账户名单库"；不得随意转发未经授权、未经证实的视频等
2020 年 7 月	国家网信办开展为期 2 个月的"清朗"未成年人暑期网络环境专项整治，依法严厉打击直播、短视频等网站平台存在的影响未成年人身心健康的违法违规信息和行为
2021 年 8 月	国家网信办规定在青少年保护模式下，平台需在内容、使用时长以及消费等方面对青少年用户做出限制。例如每天使用时间不得超过 40 分钟，每天晚间到第二天早上的时段内禁止使用该软件，以及无法开启或观看直播，不能打赏、充值、提现等

2. 经济环境的保障

短视频的发展离不开资金的支持，大量资本的投入为移动短视频应用市场提供了资金保障。2017 年短视频市场竞争依然激烈，在短视频成为风口的当下，资本的注入再次激发移动短视频应用市场发展的动力。BAT（百度、阿里巴巴、腾讯）三大网络巨头纷纷入局短视频市场，预示着短视频这片"红海"又将翻起一波巨浪。3 月 23 日，腾讯完成对快手 3.5 亿美元的注资，同时推出"芒种计划 2.0"培养优质内容创作者；3 月 31 日，土豆网全面转型为移动短视频平台，作为阿里大文娱短视频战略的第一次尝试，阿里宣称将在 5 月份推出面向亚洲市场的短视频应用软件"tudoo"。

短视频碎片化、社交化、媒体化的融合发展趋势，让资本巨头从中看到巨大商业价值，资本方对短视频产业的投资重点逐渐分散到产业链的各个环节。2016 年针对短视频内容制作的投融资就达 20 笔,例如二更获得基石基金和真格基金提供的 5000 万元投资,一条获得由华人文化基金、飞马基金-飞马旅、创伴等提供的 1 亿元的投资。大量资本的涌入使平台方和内容方获得了更多成长的机会,在用户规模不断增长的同时,各短视频平台也在积极探索更多元化和更深层次的商业变现模式,如抖音开设了商品橱窗,引入更多 KOL(关键意见领袖)直播带货等。短视频市场规模持续增长,2020 年泛网络视听领域产业市场规模为 6009.1 亿元,较 2019 年增长 32.3%。随后短视频市场格局逐渐稳定,用户覆盖率不断提高,增速开始减缓,但市场规模仍持续上升,截至 2021 年,我国短视频市场规模为 2916.4 亿元,如图 1-1-2 所示。

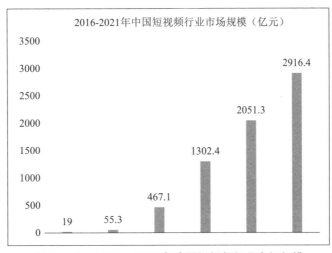

图 1-1-2 2016—2021 年我国短视频行业市场规模

资料来源:中国网络视听节目服务协会,华经产业研究院整理。

3. 传播技术的推动

自 2013 年工信部发布 4G 牌照以来,4G 网络信号不断普及,4G 用户规模不断扩大,随着 5G 网络紧密布局,未来用户网络移动成本将大大降低,移动网络环境渐趋完善,这为短视频行业的发展提供了优良的土壤。网络环境的改善同样促使智能手机生产的全面革新,高运行速度、大储存空间、高保真摄影效果的智能手机越来越受到人们的欢迎,智能手机在软硬件方面的不断更新升级等都为移动短视频内容生产和消费提供了最基本的技术保障。随着各大中城市积极推进“智能城市”建设,包括公园、公交车、火车站等公共区域的无线网络普遍覆盖,无论是逛街还是吃饭,随处可见标有“Wi-Fi”的标识,人们可以随时随地连接网络进行上网。完善的网络环境降低了用户的消费成本,提升了用户媒介接触的频次,为移动短视频应用市场提供了良好的发展环境。

移动互联网的繁荣发展,使得大数据更加备受关注。大数据具有在海量数据中提取有用价值数据的能力,各行各业已开始将大数据技术应用到行业生态建设中,利用大数据技术分析用户的使用行为习惯,为用户精准推送相关信息内容。今日头条是新媒体行业大数据使用最为成功的代表,数字算法成为今日头条引以为傲的资源优势,今日头条把算法推送应用到抖音短视频中,保证了视频的分发效率和曝光度,投其所好的算法推荐迎合了受众的使用需求,受到了人们的欢迎。大数据的应用已在短视频领域有成功的案例,未来大数据将成为短视频建设的重要技术支持。

4. 社会环境的改变

（1）用户规模巨大

我国网民规模不断增长,手机上网已经成为人们最普遍的上网形式,手机网络视频用户规模持续增长,2016—2021年我国短视频用户及规模如图1-1-3所示。根据中国互联网络信息中心（CNNIC）发布的第50次《中国互联网络发展状况统计报告》,截至2022年6月,我国网民规模为10.51亿。其中,短视频用户规模9.62亿,占网民整体的91.53%。这些对于短视频应用发展来说都是利好的消息。

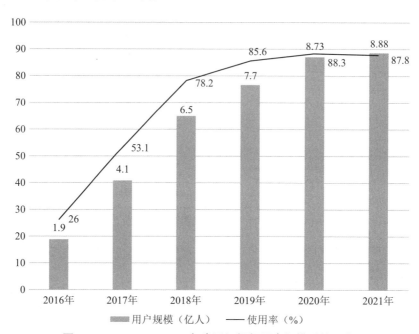

图1-1-3　2016—2021年我国短视频用户规模及使用率

（2）碎片化的传播语境

随着社会的高速发展,快节奏的生活方式使人们的时间变得更加碎片化,大家更加偏爱于快餐式的信息消费,受众的媒介使用习惯和阅读习惯逐渐向移动端转变,内容短小、表达丰富的内容成为受众的首选。移动短视频应用以其"短小精悍""简单易用"的特点更加符合当下的用户媒介接触和使用习惯。随着移动终端技术的提高和网络环境的日益完善,人们可以随时随地利用短视频来获取信息,了解最近的新闻故事,抑或通过移动短视频平台记录美好的生活瞬间,这种碎片化的视觉感知和自由的表达形式越来越受到推崇。

（3）用户个性化表达的需求

麦克卢汉曾提出"媒介即人的延伸",如今随着互联网的发展,媒介已不仅仅是人的视觉、听觉、触觉的延伸,它为人们搭建了一个个性表达与交流互动的平台。现当今的人们,越来越注重自我个性的表达,被贴有个人主义标签的"90后"和"00后"群体逐渐成为互联网使用的中坚力量,他们对信息的获取方式和使用体验提出了更高的要求。短视频应用的出现更符合用户的使用习惯,自拍自导自演自剪的短视频成为年青一代用户自我表达与交流的一种新方式。

职业技能训练

1.训练目标

(1)掌握短视频的概念和发展现状。

(2)掌握短视频的表现形式。

(3)掌握短视频的特点。

2.训练内容

(1)知道短视频的概念、发展现状及特点,了解短视频能够快速传播的原因,思考在创作短视频内容的时候需要注意的问题。

(2)根据短视频的表现形式,将自己看过的短视频进行归类。

3.训练评价

考核标准	考核内容	得分
短视频的概念	什么是短视频	20
短视频的发展	四个方面的支持	20
短视频的表现形式	三大类别	30
短视频的特点	五大特点	30

任务二　短视频文案概述

一、文案概述

(一)文案的概念

"文案"一词在我国自古就有,汉字"文案"是指古代官衙中掌管档案、负责起草文书的幕友,亦指官署中的公文、书信等。

不过当代"文案"受西方的广告行业的影响,文案的称呼主要用在商业领域,其意义与中国古代所说的文案是有区别的。当代文案部分含义有所变化,可以说是"广告文案"的简称,由"copy writer"翻译而来。

当代"文案"通常有两种含义。第一种含义是文案工作者,主要指制作文案的专门人才,也指公司或企业中主要从事文字工作的相关岗位。当代"文案"作为职位指代时,通常有四种分类:助理文案(ACW)、文案(CW)、高级文案(SCW)、资深文案(SCW)。第二种含义是一种创意策略,具体指根据要求设计的特色文稿和策略。在这种含义下,它主要是指通过用特定的语言对广告中的内容进行有张力的表达,它的书写格式也有着特定的标准,包括:标题、正文、口号等部分。当代"文案"开始出现时通常与"广告"一词连用,但随着"文案"一词运用范围的扩大,其使用也有较大的变化,"文案"可以作为一个独立词语单独出现代表一种文稿,随着其使用目标的不同,还出现"会展文案""策划文案""商务文案""管理文案",甚至本书所涉及的"短视频文案"等组成词语。所以要学习短视频文案的写作就必须对文案的基础知识有所了解。

(二)文案的写作目的

文案是一种按要求、有目的的写作,这是文案的一大特点。有人比喻说:"广告文案是戴着镣铐跳舞,这一镣铐,是广告文案的创作目标,也是广告文案的本质特征。"

从宏观方面讲,文案具有塑造品牌形象,建构品牌个性的功能。进一步放宽视野,文案还有塑造企业形象,为企业打上个性化标签,有利于得到视听众好感和肯定的外在形象和个性特点的功能。从微观角度讲,文案是能帮助产品或企业打开知名度,建立美誉度。还有一些文案的制作目的,是直接配合企业的促销活动,扩大促销活动的销售业绩。因此,文案创作的商业性是文案写作的主要目的。

而文案的商业性是指通过文案将受众的注意力引向其所推销的产品,传达广告信息,激发购买欲望,商品得以售卖。不过如果将文案作为一种大众传播环境下的语言符号体系,则具有一定的社会责任,比如美学价值、对文化的影响等。

(三)文案的主要类型

文案的分类主要和其所承载的主题有关,如果是广告文案就按照广告的主题进行分类。广告的分类标准很多,常见的有广告目的、广告发布媒介、自身结构、信息因素、诉求方式等几个分类标准。

文案按广告目的可分为商业广告文案和非商业广告文案;按不同信息主体可分为以建设企业形象为目标的以企业为信息主体的广告文案,占绝大多数的以产品为信息主体的广告文案,以服务为信息主体的广告文案,以公益事务为信息主体的广告文案等;按广告分布媒介分类大致分为平面媒体、广播媒体、电视媒体、网络媒体、新媒体等;按结构可分为单则广告文案、系列广告文案、长文案和短文案等;按诉求方式可分为感性文案、理性文案、情理文案等。

分类是为了总结出不同类型的文案的特征和写法,其中,文案主题是一条贯穿广告作品的主线,将构成文案作品的元素串联起来。

二、短视频文案概述

(一)短视频文案的概念

短视频文案是指在短视频平台上发布的视频配文,通常是用来描述视频内容、吸引观众点击观看和增加用户互动的文本内容。短视频文案的主要目的是在短时间内吸引观众的注意力,让他们对短视频感兴趣并产生共鸣,从而提高短视频的播放量和传播效果。

人们通常看短视频,只能看到声音和画面,而不知道这些视频拍摄首先需要的是文案。而文案是人们看不见的,这反衬出短视频文案的重要作用。短视频文案的作用是通过直接的产品或者品牌的宣传和推广,获得目标用户的认同。由于时间短,视频内所包含的内容、所蕴含的信息被大大缩减了,只有让文案充当内容的黏合剂、小贴士,才能更好、更完整地呈现出视频所要表现的内容,让视频获得更多的曝光和点赞评论。

短视频的文案比起传统的广告文案发生了很多变化,例如载体由传统媒体变成了新媒体,传播的环境由信息匮乏到信息爆炸,传递信息的渠道由单一到多样和交互。这些变化使得新媒体的文案,特别是短视频的文案呈现以下几个特点:在内容方面需要简单精练,吸引并激发用户互动;在用语方面,需要朴实接地气,引起用户共鸣;在形式方面,需要文字图片结合,清晰易懂。

(二)短视频文案的内容构成

短视频文案中,一般都会包含文字和视频画面,二者的形式虽然不同,但服务于同一个主题的。因此,在撰写短视频文案内容时,必须将文字和视频画面紧密结合起来。

短视频中的文字是短视频主题的体现,在内容上往往也是推广的重点。所以,短视频文案需要以文字的形式更好地对短视频内容进行实质意义的解读,从而让用户在观看短视频后能快速了解其要表达的意思。这就要求短视频文案内容在语言运用上要简明扼要,内容易记,表达清晰且新颖、有个性。短视频中的视频画面则是短视频的脚本写作的范畴,这里暂时不作讲解。

短视频文案的作用是通过直接的产品或者品牌的宣传和推广,获得目标用户的认同。在短视频文案内容创作中,需要贯彻以客观事实、具体说明来增加目标用户对产品的了解与认识,从而刺激目标用户的消费欲望;在内容写作要求中,文案要抓住短视频所要表达的主要信息,突出重点。同时,短视频中关于产品的内容要实事求是,不能过分夸大,如图1-2-1所示。

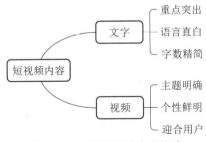

图1-2-1 短视频的内容构成

（三）短视频文案的主要类型

短视频文案有很多类型,这里基于不同的作用和不同的行业对其进行简单分类。

1. 基于不同的作用

从不同的作用,可以将短视频文案分为以下三大类。

（1）电商文案

短视频文案在短视频内容的推广优化上,其作用是不同凡响的。一个好的文案,不仅能起到宣传推广作用,而且能通过一传十、十传百的传播,为商家带来较为可观的客流量。

（2）公众类文案

公众类短视频文案有助于企业或机构处理好内外公关关系,以及向公众传达企业各类信息。公众类文案可以分为公关文案与新闻文案。公众文案就是通过培养良好的公众关系来帮助企业或机构组织塑造良好的形象。

有的企业就是通过公众类短视频文案来处理公众关系的。一旦企业发生口碑危机,就在第一时间通过短视频来进行公关,维护企业的形象,避免对企业或品牌口碑造成负面影响。

（3）品牌文案

短视频的品牌文案是有助于品牌建设,累积品牌资产的文案。品牌文案一般由企业主导,可以自己撰写,也可以找人代写。撰写的角度多半从有利于提升品牌知名度、美誉度和忠诚度出发。

2. 基于不同的行业

卡思数据将短视频内容分为 17 个方面,分别是军事、母婴、美食、旅游、财经、汽车、搞笑、科技、少儿、游戏、娱乐、影／剧评、运动健康、生活资讯、文化教育、音乐舞蹈和时尚美妆。在这里,我们将上述内容从行业上进行归纳,基于不同的行业,将短视频文案分为以下四类:生鲜农产品短视频文案、日常生活用品短视频文案、服装服饰短视频文案和化妆品短视频文案。

生鲜农产品在我们生活中是很常见的,生鲜农产品主要是指水果、蔬菜、肉类、鸡蛋等的生鲜农产品初级产品,一般情况下我们把它们称为"生鲜三品",即果蔬、肉类、水产品。针对生鲜农产品的特点,针对目标客户群,在进行短视频文案创作的时候,需要精准定位文案内容。例如文案内容可以从原产地的风光拍摄、感官形容词的精确选择、好的产品背后的故事、产品试吃等等入手。这几种短视频的文案写作将在后面部分一一介绍。

二、短视频脚本概述

（一）短视频脚本的概念

脚本是指表演戏剧、拍摄电影等所依据的底本。短视频脚本是拍摄短视频时所依据的大纲底本,用来确定整个作品的主要内容、发展方向以及拍摄细节。一切参与视频拍摄、剪辑的人员,包括摄影师、演员、道具等行为和动作都要服从于脚本。对于短视频创作团队来说,脚本是提高拍摄效率、保证拍摄质量,节省沟通成本的重要工具,其作用就是提前统筹安排好每一个人每一步要做的事。

(二)短视频脚本的主要类型

短视频为脚本分为拍摄提纲、分镜头脚本、文学脚本 3 种类型。

拍摄提纲是为拍摄一部影片或某些场面而制定的拍摄要点,它只对拍摄的内容起提示作用,适用于一些不容易掌控和预测或者具有太多不确定因素的内容,如新闻类的短视频。

分镜头脚本是将文字转化成可以用镜头直接表现的一个画面,适用于故事性强的短视频。分镜头脚本包括画面内容、景别、拍摄技巧、时间、机位、台词、音效等内容,在一定程度上可以说是"可视化"影像。分镜头脚本要求十分细致,每一个画面都要在掌控之中,包括每一个镜头的长短,每一个镜头的细节。

表1-2-1　分镜头脚本案例(公益广告《让》)

镜号	时长	景别	场景	画面内容	音效	备注
1	2 s	近景	马路上、斑马线	飞驰的汽车,司机专注前方的表情	汽车行驶的声效	
2	1 s	面部特写	公共环境	行人甲,惊恐的眼神	尖叫声"啊"	
3	2 s	近景	马路上	飞驰的汽车,司机专注前方的表情	汽车行驶的声效	
4	1 s	面部特写	公共环境	行人乙,惊恐的眼神	尖叫声"啊"	
5	2 s	近景	马路上	飞驰的汽车,司机专注前方的表情	汽车行驶的声效	
6	1 s	面部特写	公共环境	行人丙,惊恐的眼神	尖叫声"啊"	
7	2 s	面部特写	马路上	飞驰的汽车,司机怒视前方的表情并发出声音	汽车行驶的声效"啊"	
8	1 s	面部特写	公共环境	行人甲、乙、丙惊恐的眼神(黑场)	啊、啊、啊汽车拉带声	
9	2 s	眼部特写	斑马线	斑马线前的汽车	轻声音乐淡入	
10	2 s	特写	马路上、斑马线	汽车中的司机呼出轻松的气,表情显现安详	哦	
11	3 s	近景	公共环境	行人甲、乙、丙呼出轻松的口气,表情轻松微笑	哦	
12	3 s	中景	斑马线	斑马线前的汽车(后)小猫看着汽车(前)轻轻地通过马路	走路的声效	
13	4 s	画面淡出		(黑场)"生命是宝贵的,他(她、它)们的幸福在你的脚下"		

文学脚本不像分镜头脚本那么细致，适用于不需要剧情的短视频创作，比如教学视频，它基本上罗列了所有可控因素的拍摄思路。

（三）短视频文案和脚本的区别

短视频文案和脚本有非常大的区别的。从定义来看，文案和脚本就是不同的。短视频是由文字和视频组成，要制作一个短视频需要进行文案和脚本的创作。文案是短视频的灵魂，脚本则是为短视频拍摄服务的。

短视频脚本的创作就是拍摄短视频的方向，就像导演拍摄电影的剧本，人员、服装、场景定位、拍摄技巧、剪辑等一切步骤和人员安排都是根据剧本的设定进行的，脚本创作就是需要设定在什么地点、时间点，出现什么画面、如何运用镜头等，然后根据脚本的设定来进行拍摄。

短视频脚本主要作用就是提高短视频拍摄的质量和效率。不过，脚本要运用好，不单单是字面上的设定，它是一个复杂而且需要反复去思考润色的东西，需要去深度了解和实践。

因此，短视频脚本的创作是由短视频所要表达的内容本身决定的。如果没有脚本也能拍好视频，那么就不需要脚本。但是有没有脚本对于短视频而言，就好像，你演讲的时候一个是即兴发挥，一个是准备好了框架和稿子，后者更有可能讲好。

短视频拍摄是一项协同的工作。如果你是编导，你把你心中的剧本流程告诉演员跟摄影师，该怎么演，该怎么拍，但是拍摄过程中很多细节会跟你心中想的有出入，达不到你想要的效果。如果有一个好的脚本，会让演员、摄影师通俗易懂，且在拍摄过程中较少出现差错，减少重来的次数。该怎么演，该怎么拍摄，完全按照脚本上面一步一步去完成就可以了。虽然不是所有的短视频都需要撰写脚本，但往往好的作品定是按照脚本去拍摄完成的。

职业技能训练

1.训练目标

（1）掌握短视频文案的概念、特点和内容构成。

（2）掌握短视频文案和脚本的区别。

（3）了解短视频文案分类。

2.训练内容

（1）有人认为短视频文案是短视频的灵魂，因此拍好短视频，只需要学习短视频文案创作，用不上脚本。请分析这种观点是否正确，及给出理由。

（2）在任一短视频平台上，选择一则短视频，分析其文案类型。

3. 训练评价

考核标准	考核内容	得分
短视频文案的概述	概念、特点和内容构成	40
短视频文案和脚本的区别	概念和内容	40
短视频文案分类	不同的短视频文案有什么特点	20

任务三 短视频文案写作要求

一、短视频文案写作的行业要求

不同行业的短视频文案写作要求是不同的，这是因为不同行业的产品属性不同，目标客户群也是不同的。比如我们打开招聘网站，输入"文案"一词，你会发现有不同行业的文案岗位招聘信，如图1-3-1所示。不同行业的文案，需要匹配相对应的行业经验，如图1-3-2所示。

图1-3-1 文案职位招聘

新媒体美食编辑 4-6K

📍佛山　💼经验不限　🎓学历不限

♡感兴趣　立即沟通

职位描述　💬微信扫码分享　⚠举报

编辑　页面排版　文案　文字编辑　新媒体编辑　文案策划　新媒体平台　新媒体运营

1、协助进行美食探店，对接商家，挖掘美食背后的故事，与摄影师沟通拍摄创意，完成推文撰写排版

2.有【编辑&排版】经验优先，有较好的文案功底以及审美能力

3.出稿快！熟悉使用PS等图片软件和135、秀米排版软件

4、沟通能力强，有责任心，有良好的团队意识

5、买完社保后每月到手薪资4600~5500元(底薪+提成+社保)

6、需要热爱美食，我们团队会外出采编试吃

美妆文案&策划 4-6K　　　节日福利　高温

📍丹东　💼1年以内　🎓本科

♡感兴趣　立即沟通

职位描述　💬微信扫码分享　⚠举报

页面排版　策划选题

口罩期居家办公Tips：

因我司为线上销售、多地仓储发货的经营模式。若遇口罩期，全员可灵活转为居家办公，且待遇不变；

欢迎诚信、敬业、专注力&责任心较强的求职者随时联系！

职位描述：

1.在社群内完成对人设IP内容策划

2.按照公司要求，策划有吸引力的营销活动内容

3.根据其他部门的需求，提供对应的阶段性策划内容

4.根据公司主推产品，策划阶段性方案，制定宣传主题及内容

岗位要求：

1.有责任心，思维活跃，有创新

2.有1年以上新媒体写作经验，独立项目或文案、编排、排版能力

3.有创意思维能力及较好的文笔，对媒体宣传、营销传播有独立见解

4.工作态度积极、职责素养高

5.本科以上学历

6.对美妆、人设IP搭建有策划经验者优先

薪资待遇：

其他岗位：

·国际品牌美妆商务顾问

·跨境品牌美妆运营

·运营助理

图1-3-2　文案职位要求

因此,在学习短视频文案写作的时候,需要先认准一个行业,并遵循以下两个阶段。

1. 从外行到入行

很多时候,评判一名文案不合格,不是说他文笔不够好,而是他对行业一无所知。特别是短视频文案,基本上不需要太华丽的辞藻,而是要能打动人心的简洁文字;文案的写作者不一定要有非常好的文字功底和写作天赋,但是要有能抓住用户的心的能力。因此,对于刚刚学习短视频文案写作的人而言,应首先熟悉这一行业。

短视频文案写作的首要任务不是立即开始写文章,也不是学习写作的基本能力和技巧,而是通过调查学习,请教前辈和行业的从业人员等快速了解行业。

2. 从入行到内行

随着对行业洞察和思考的深入,文案的写作者在专业方面能得到快速的提升。对行业或领域有深厚的积累,就能对该行业或者产品的某个问题进行深入的思考,或者对某种现象有深刻的研究。

文案写作的内核就是写见识、阅历和积累。有了对行业和产品的认识,才能谈得上对短视频文案写作技巧和方法的学习和运用。

二、短视频文案写作的从业要求

怎样才能成为一名合格的短视频文案写作从业人员? 大多数答案是"多读多写"。但是究竟该读哪些书? 到底要花多长时间才见成效? 这个答案并没有真正解答这个问题。因此,在这里提出几点短视频文案写作的从业要求。

(一)用户感知能力

用户的喜好和痛点是短视频工作的基本出发点。从表面上看,短视频是在大平台上面对千万用户进行播放和推销,但进一步思考后我们会发现,用户其实是一个人拿着手机在看短视频并最终下单。因此,短视频实际上是一对一的播放和推销,而文案则是虚拟空间的销售人员,通过每句文案,向站在面前拿着手机的某一位用户推荐商品。所以,文案的写作必须站在用户的角度去思考,去创作,这需要文案写作人员具有用户的感知能力。

具体而言,在创作文案之前,一般需经过以下步骤。

1. 从数据中找出用户的客观资料,比如年龄、地域、性别等,然后在脑海中再现对方的形象;

2. 想象他的外貌和喜好,想想他怎样说话,他每天在做什么,他面对的难题是什么,他的痛点是什么,他心中的渴望是什么;

3. 回头看看你的产品可以承诺什么,你的承诺如何满足用户心中的渴望;

4. 进一步设想你的产品可以于何时何地、如何回应用户内心的需求;

5. 充分发挥观察力与想象力,与用户沟通,安静下来,写好文案。

无论什么行业的短视频文案,多多想用户,一旦你想象用户就在你面前,在写作的时候便会得到一定的启发。

（二）内容创作能力

内容是短视频的核心，是吸引粉丝的基础。短视频文案既要简短，又要引人入胜。想拥有这样的内容创作能力，可以从以下几方面进行训练。

1. 诚实表述产品

文案的作用之一就是沟通，人与人沟通的基础在于信任。所以，在进行短视频文案创作的时候，不妨坦诚一点。例如卖丑柑的人避嫌地说自己的产品很丑，但是每一滴汁水都甜得发腻；卖臭豆腐的人老实地说自己产品很臭，但是每一口都让人回味无穷，最后请消费者自己判断要不要尝试一下。这样诚实的描述，会让消费者更加信任，使产品更受追捧。

2. 用问题拉近距离

短视频最大的特点之一就是具有交互性，是一种双向的沟通。因此，在短视频文案创作时可以向对方提出一个开放性的问题，例如用亲切的语气说"我化妆水平也很差，你呢？""我原来也没自信，不敢尝试这种穿着搭配，你是不是和我一样？"

同时，可以用开放性问题作为短视频标题，用视频提供答案。例如，一个销售沙发的短视频文案可以用一个开放性问题"我又被老婆从卧室赶出来了，你说咋办？"作为标题，然后用拍摄的视频内容提供答案：视频的内容是一名30多岁的男人在客厅的沙发上玩游戏，之后躺在沙发上睡觉睡得很香。视频的内容虽然给出了问题的答案，但是由于使用开放性问题，让观众参与进来，从而拉近与对方的距离，沟通也变得更生动有趣。

3. 语言简练直白

要想获得粉丝的青睐，就需要和粉丝拉近距离，并与之成为朋友。朋友之间的沟通没有花言巧语，没有深奥词汇，不需要啰唆，特别是短视频文案更需要长话短说。

所以，短视频文案创作要像跟朋友聊天一样，用日常语言表达，让对方听得懂。如果是专业类文案，需要了解专业人士的日常用语。短视频文案的内容必须表达精确，不啰唆，刚刚好把要点囊括，才能引人入胜。

4. 具有独特的视野

同样的内容，选择不同的角度来看待会带给观众不同的体验。短视频文案如果语言无味，乏善可陈，那么是不会吸引观众的。

所以，要写好短视频文案需要做个思维活跃有趣的人，然后再寻找不一样的角度来看待产品。换个角度能让我们从熟悉的事物中寻找到陌生的感觉，在日常生活中发现不寻常。此外，还要抛弃经验与成见，告别墨守成规，对事物永远保持新鲜感，才能在文案创作中拥有持久的灵感源泉。

三、短视频文案写作的创作流程

学习文案写作教学可以先通过普遍性规则达到基本水准，这里就提出一个文案写作的基本流程，即收集材料、明确目标、组织材料、表达材料、效果测试五大步骤。

例如一般广告类文案创作流程如下：

（一）收集资料

广告构想的形成，文案作品的成功，并不只是广告创意制作人员全然主观的产物。消费者、产品、市场之间的复杂关系使广告制作人员在进行创作时，不可能仅仅依赖直觉，另外最有帮助的就是来自市场的确切信息。广告目标的确立，创意、策略的确定，广告预算，广告发布乃至效果测定，都发端于广告市场调研，即收集资料。

收集资料的内容广泛，须收集的资料大致有两种：特定资料和一般资料。特定资料是指那些与产品有关的资料，以及那些你计划销售的对象的资料。可以是广告商提供给你的关于他们公司的产品的简介，也可以是调查得到的竞争对手的市场占有情况。而一般资料的收集是长期的工作，可以准备一些白卡片，再根据记载内容进行分类，并使用文件夹进行定期整理。

资料的来源主要包括企业内部档案，比如企业的各项财务报告、销售记录、业务员访问报告、企业平日简报等等；外部机构调查资料，比如政府机构的统计调查报告、金融机构的相关资料、学术研究机构或者其他机构发布的市场资料等；外部报刊及网上资料，主要是外部报刊对企业及其竞争对手所作的报道、评价以及网上相关资料。还有就是专业书籍资料，比如有关著作、论文集、工具书中的相关信息。

（二）明确目标

在收集大量资料的基础上，通过科学分析，会得出一个文案写作的目标。这个目标根据不同要求也不尽相同。但一般来说，应该是对一个品牌、一个企业的长久规划，在这样的大规划下，又会分割出不同的小目标。接下来的组织和表达资料等工作就按照这个目标进行。

科学的广告目标能够帮助文案创作人员找准方向，也让各个工种的工作人员得以顺利配合，就像一根纽带，将各个岗位的工作人员联系起来，沿着共同的目标迈进。这一部分主要涉及两个概念即广告战略和广告策略。

广告战略与广告策略的相同之处在于两者都是为实现特定广告目标而进行的谋划，不同点是战略更为基础，更为宏观，更为长久，而策略是为实现特定广告目标而在不同阶段采取的对策和应用的方式、方法与特殊手段。

（三）组织材料

组织材料是一个必经环节，通过市场调查得到数据，从凌乱的商品资料中抽取符合目标的过程，也是旧元素新组合的过程，称之为创意，或者称作广告思维。

广告思维就是在广告知识及表象的基础上有预见性的创造力。这种创造力既有理性的严密的逻辑，又有感性的情绪化的灵感，融合了广告人的个性特征和对事物的认知能力，是个人思维能力整体成熟的表现。创造力是广告思维最大的特征和最基本的能力，是具备对事物相似性发现并展示的能力。

广告创意是一种组合，组合商品、消费者以及人性的种种事项，当然也是对手中各种资料的组合。

（四）表达材料

文案人员用符合表现风格的语言文字元素、不同的语言文字组合结构，甚至不同的语气、语音、语调、语感来实际地表达出既定的广告目标。汉字博大精深，通过方块字的不同组合，能够达到引导消费、影响价值的效果。广告作为各种符号构成的作品，也有其独特的表达规律。这样一套符号体系可以称作广告语言，如果将表达过程所涉及的各种方法进行归纳，则形成广告技巧或称作广告修辞。

广告语言有其自身的特点，要遵守规律，其目的是增强吸引力、感染力、鼓动性和扩大传播面。广告语言具有四大特征，分别为准确简洁、生动形象、便于记忆、针对性强。由此四大特征，进一步提出了在广告语言方面的文字锤炼要求即：准确、简洁、创意、以人为本、以文为本。

关于广告技巧，反映在具体的写作实践上，常为借鉴文学研究成果，能够将目标通过文案用语言文字表达出来，使得最初的策略和创意能够在文案中完整的体现，符合所限定的形象、格调和氛围。具体而言，广告技巧有很多种，比如从感性和理性不同维度出发，可以得到很多方法，比如广告修辞方面，顶真、比喻等方法的运用让这个文案充满灵动气息。

（五）效果测试

文案写作既是一门艺术，也是一门科学。文案是否成功，还需要通过严格的内部检查和最终的广告效果来判定，检测广告作品的效果虽然不是文案写作人员的工作，但一个合格的文案人员也应该对检测文案作品效果的思路和方法有一定的了解。

效果测试包含两个方面内容：一是广告作品诉求效果的检测，二是广告通过媒介投放达到传播效果（到达率、接触频率、有效到达率等）的检测。广告的最终效果主要受这两种因素的影响。效果测试分为三个阶段，由事前测试、事中测试和事后测试。事前测试可以帮助广告公司预先了解广告可能产生的诉求效果，并参照测试结果对广告作品进行必要的修改。事中测试和事后测试可以为后续的广告活动提供参照，实际运作中主要是事前和事后测试。

内部事前测试主要通过内部检核表、内部评分量尺、可读性测试进行。这三种方法花费不多、易于运用，通常能够发现广告作品中明显的不足，但在广告公司内部进行的测试只是文案测试的一小部分工作，更可靠的评价是通过对广告诉求对象的测试。面向诉求对象的测试主要方法有评定等级测试法、混杂测试法、语意差异测试法、模拟杂志测试法等。此外，还有辅助回忆法、纯粹回忆法等事后测试方法。

四、短视频文案写作的卖点提炼

对于大多数短视频文案而言，如何提炼卖点是非常重要的，特别是带货类的短视频。带货类的短视频文案是一种目的性很强的文案类型，就算内容没有直接让用户购买的话语，但是每一句都需要引起用户的购买欲。

而挑动用户购买欲的点就在于文案是否提炼了卖点。这里的卖点并不是实物产品才具备的特征，各种无形的产品、服务，包括短视频打造的人设形象，都是可以有卖点的。这里首先需要把卖点和产品的功能做一个区别。

产品的功能是每个产品的基本使用价值的体现，它只能决定我们购买的意向。每一种产品都有其使用价值，然而在物质产品极其丰富的今天，每一种产品都有无数的替代品。左右用户最终购买选择的往往是产品基本使用价值之外的一些因素，而这些因素通常体现为产品的各种卖点。

这里介绍四种卖点提炼的方法。

（一）情感卖点

简单来说，这就是一种打"感情牌"的方式，赋予产品特定的情感，通过这种情感来影响用户。这需要从产品本身的用户群体出发来确定合适的情感切入点。如果用户群体和情感切入点不协调，那么就很难成功提炼出一个能引起用户共鸣的卖点。

这里举一个非常典型的例子——"中国人穿李宁"。这句宣传语想必很多人都听过。在这里面，李宁牌的运动衣成了一种爱国感情或者情怀。在这种场景中，李宁牌运动衣就不再是单纯的运动衣了，它传递给用户的信息里，感情元素已经远远超过了衣服本身。当然，这也跟李宁这个品牌的创始人长期给国家运动员提供穿着使用有关。

在提炼此类卖点时，可以从产品的使用场景出发，再延伸到场景中的人，进而挖掘出人与人之间的情感。比如现在有一个烤箱，单纯从"烘焙"或者"烧烤"功能出发，我们很难找到和情感的联系点。但是如果我们从具体的使用场景出发，比如给家人做一顿美食、给爱人烘焙一份美味的糕点，那亲情、爱情都可以成为我们考虑的方向。

（二）文化卖点

若产品或者品牌有一定的历史渊源，或者承载着某些文化情怀，这些无形的底蕴都可以提炼为一种卖点。

在这方面，"水井坊酒"当年的运作几乎可以打满分。1998年8月，水井坊酒在生产车间改造时发现地下埋藏有古代酿酒的遗迹。1999年，水井坊被列入全国重点文物保护单位，并被国家权威部门评定为全国以至世界发现的最古老、最全面、保存最完整、极具民创性的古代酿酒作坊。之后更是被称为白酒行业的"活文物""白酒第一坊"。而水井坊酒则借助这一得天独厚的条件，通过一系列推广宣传，成功为产品赋予了丰厚的历史文化价值，这便是一种文化卖点。

要提炼这种类型的卖点，前提当然是产品或者品牌本身有相当的底蕴，比如配方里"古方"的概念、创始年代的久远，或者和观众熟知的文化概念联系密切，比如茶文化、酒文化等。再者，通过商品倡导某种"文化"也是一种较为常见的方式，比如很多房地产商宣传的"居住文化""生活文化"等。

（三）名人卖点

这种类型的卖点就是把代言人、创始人等知名人物自身的影响力塑造为卖点。毕竟大众对权威人物或者知名人物往往有先天的信任感、追随感，这种卖点自然也可以很好地起到左右用户选择的作用。

特别是服装服饰和化妆品产品，其适合通过名人的使用和推荐，让用户产生模仿的意愿,从而产生购买的欲望。

(四)用户体验卖点

服务中能够带给用户某种特殊的体验,这些体验也可以提炼为卖点。比如我们的产品是生鲜农产品,用户购买产品后,可以通过视频观看"新鲜水果采摘"过程。很显然,如果大部分的生鲜农产品销售都提供这样的服务那它就不是卖点。但如果我们提供的服务更快更及时,比如"2小时内新鲜水果采摘,24小时送达",那么这又是一个新的卖点。

这种卖点的出发点需要考虑我们的产品能给用户带来什么样的使用体验,哪种体验是用户所期望的,就把这种体验提炼出来,它就是产品的卖点。

五、短视频文案写作的常见误区

许多短视频文案工作者在创作短视频时,往往因为没有把握住文案编写的重点而以失败告终。要做好短视频文案的编写工作,短视频文案的专业知识和文笔功夫很重要。

下面列举短视频文案写作常见的四大误区。

(一)创作质量较低

短视频相对其他营销方式而言成本较低,成功的短视频具有一定的持久性。一条高质量的短视频文案胜过十几条一般的短视频。现实中,许多短视频内容创作者为了增加推送的频率,宁可发一些质量相对较差的视频。而这种不够用心的短视频推送,导致的后果往往就是内容发布之后却没有多少人看。

(二)脱离市场环境

对于品牌方的官方短视频,其文案多是关于企业产品或品牌的内容,这些产品或品牌处于具体的市场环境中,其所针对的目标也是处于市场环境中具有特色的消费者。因此,不了解具体的产品、市场和消费者的短视频内容,必然是不受欢迎的。所以,在编写和发布投稿短视频时,必须进行市场调研,了解产品情况,才能写出切合实际、能获得消费者认可的短视频文案。

(三)进行虚假宣传

对于短视频文案创作者而言,要想让文案被大众认可,能够在庞大的信息中脱颖而出,首先需要做到的就是准确性和规范性。在实际的应用中,准确性和规范性是对任何文案写作的基本要求。例如,文案中的表达应该是较规范和完整的,需要避免语法错误或表达残缺,避免使用产生歧义的词语,保证文案中所使用的文字准确无误;不能创造虚假的词语,文字表达要符合大众语言习惯,切忌生搬硬套;以通俗化、大众化的词语为主,但是内容却不能是低俗和负面的。之所以要准确、规范地进行文案的写作,主要是因为准确和规范的文案信息更能够被用户理解,从而促进短视频文案的有效传播,节省产品的相关资金投入和人力资源投入等,创造更好的效益。

(四)文案书写错误

短视频文案常见的书写错误包括文字、数字、标点符号及逻辑错误等,文案撰写者必须严格校对,防止书写错误风险的出现。

　　短视频文案中常见的文字错误为错别字,例如一些名称错误,包括企业名称、人名、商品名称、商标名称等。对于短视频文案尤其是短视频广告文案来说,错别字可能会影响短视频的质量,导致短视频内容传达有误。

　　较为常见的数字错误有数字单位丢失。常见的标点符号错误包括引号使用错误、书名号使用错误、分号和问号使用错误。引号在短视频及文案中错得最多,如不少短视频运营者对单位、机关、组织的名称,产品名称、牌号名称都用了引号。其实,只要不引发歧义,名称一般都不用加引号;证件名称、会议名称(包括展览会)不使用书名号,但有的短视频运营者把短视频文案中所有的证件名称,不论名称长短都加上了书名号,这是不合规范的。此外,分号和问号在短视频文案中错得也是比较多的。例如,单句之间用了分号;两个半句可以合在一起构成一个完整的句子,但中间也用了分号;有的句子已经很完整,与下面的句子并无并列关系,该用句号,却使用了分号,这也是不对的。

　　逻辑错误是指短视频文案的主题不明确,逻辑关系不清晰,存在语意与观点相互矛盾的情况。

职业技能训练

　1. 训练目标

（1）掌握短视频文案写作的行业要求。

（2）掌握短视频文案写作的从业要求。

　2. 训练内容

（1）按照短视频文案的行业要求,选择一个行业进行熟悉和了解。

（2）按照短视频文案的从业要求,请选择一则短视频进行分析和判断是否符合要求。

　3. 训练评价

考核标准	考核内容	得分
短视频文案写作的行业要求	两大步骤	20
短视频文案写作的从业要求	两大能力	20
短视频文案写作的内容创作能力训练	四个方面	40
实训	短视频文案写作的入门训练	20

任务四 短视频文案写作逻辑

一、短视频文案写作的思维方式

短视频文案是一种沟通，其本质是一种说服的沟通。从这个角度来思考短视频文案，就要了解其写作的思维方式。

（一）常见的思维方式

1. 定向思维和逆向思维

定向思维的基础是经验，即什么样的问题我们都有经验可循，不需要你去想其他的办法；或者什么样的问题都有一个框框，你不能打破这个框框。用定向思维来进行文案创作可能会出现"文案最重要的就是创意""文案写作能力取决于工作经验""我没写过文案，工作经验为零"这样的认识。

逆向思维是将某些问题，尤其是一些特殊问题，从结论往回推，倒过来思考，从求解回到已知条件，反过去想，或许就会使问题简单化，使问题的解决变成轻而易举，甚至因此而有所发现。那么上述定向思维的认识可以转变为"文案的目的是改变用户而不是发挥创意""文案的写作能力只与刻意练习的时间有关""没有工作经验就要思考如何获得经验"。

2. 自我思维与用户思维

自我思维就是什么事情都从自己的角度来看待，如"我觉得这个衣服不好看""我意识到这个事情难，无法做成功"等等。

用户思维则是站在用户的角度来看待问题，如"这个衣服单穿不好看，但是可以通过搭配来使用""事情不难就不需要我了，我就是来解决问题的"。

从短视频文案写作的角度来看，训练写作者的逆向思维和用户思维会使得文案的质量得到提升。

（二）思维训练

要获得逆向思维和用户思维则需要具备三种能力：联想能力、发散思维能力和逻辑思维能力。这三种能力看起来很复杂，其实都是能通过训练获得的。这里简单介绍以下三种能力训练的方法。

1. 联想能力

联想能力是指能将两个不同事物之间建立某种联系的能力。训练联想能力有一个非常简单的方法就是将两个表面上无关的词语，用2~3句话找到它们的联系，单纯"造句"不是联想能力。

例如"面包"和"波斯猫"这两个词表面上看起来没有任何的关系，当然像是"波斯猫喜欢吃面包"这种造句式的关联是不符合训练要求的。训练的要求是有修饰上的联系，如表1-4-1所示。

表1-4-1　联想能力训练

名词	联想
面包	味道、口感、颜色、营养、形状等
波斯猫	宠物、毛色、脾气、听话、陪伴等

依据以上的内容，可以展开联想了："加班到再晚，回家后也总能在桌上发现两片美味的面包，这种暖心的感觉从未中断，就像家里养了四年的波斯猫，它总是守在门口，等着我回家，温暖我的手。"

如果短视频的文案内容是关于某种产品的，那就可以把其中一个词语设定为和产品相关，这样往往能在"无意"中积累出很多可用的点子和素材。

2. 发散思维能力

发散思维，是指从某个事物出发，想到多个与其有关信息的思维能力。典型例子如数学题里的"一题多解"、生活里的"一物多用"。这种思维能力的提升可以帮助我们在写微文案时找到更多的表达方向、更多的塑造点。

训练发散思维的一个方法就是指定一个词语，然后想出尽可能多的和这个词语有关的场景。要求必须是一个场景，并且指定的词语信息要能够自然地体现在场景中。例如短视频的内容是需要推销一款减肥产品，则可以把这个词语指定为"肥胖"。那么文案写作者就需要想到尽可能多的和"肥胖"相关的场景。例如，爬三楼就气喘吁吁、低下头看不到脚尖、系鞋带是一种折磨、买衣服找不到能穿的尺码等。这些就是一个又一个真实的痛点。这些就是触动身体肥胖的人抓紧减肥的文案内容。

3. 逻辑思维能力

前面所说的两种思维都属于形象思维。逻辑思维则不同，对于它我们看重的是准确而有条理地表达自己的能力。

微文案是写给人看的，即便你有再高明的技巧，文字写得再花哨，如果条理不清，前言不搭后语，让人根本看不懂你在说什么，那也是完全没有意义的。相反，即便你只会用自己熟悉的俗话来表达，也没用什么遣词造句的技巧，只要你的文字条理清楚，前因后果都交代得明明白白，那你至少传递出去一条准确的信息，这比你云山雾罩地扯上几百几千字更有价值。

在表达的逻辑里有很多种具体的逻辑关系，做训练时，通常就针对因果、转折、递进这三种逻辑关系进行即可。针对逻辑思维进行训练的一个简单的方法就是先指定三个表面没有联系的词语，然后按固定的句式，写出一段包含这三个词语的合理句子，固定句式中的第一段只能出现一个指定词语。

句式设定：

因为……所以……结果……（因果关系）

不但……而且……甚至……（递进关系）

本来……不料……只好……（转折+因果关系）

如下面的例子,我们可以指定词语:电视、火车、高温。根据基本句式进行造句。

句式一:因为多看了 10 分钟的电视,所以误了当班火车,结果只能顶着 35 ℃的高温跑去坐汽车。

句式二:这房子的条件太差了,不但没有电视信号,而且晚上不时有火车轰轰地经过,一到夏天,屋里的温度甚至比外面还要高!

句式三:本来打算这几天坐火车回家,不料连日高温大雨,根本没法出门,只好待在家里看电视了。

这种训练方式的主要目的是保证写出来的微文案至少是讲得通的。当然,实际在写微文案时,肯定不会用这么刻板的句式,这里之所以设定句式,只是为了强制大家按照某种逻辑关系来造句。在实际训练时,大家也可以尝试多种逻辑关系的混搭。

二、短视频文案写作的底层逻辑

如上文所述,短视频文案是一种说服的沟通。一则优秀的短视频文案,是能达到说服的目的。所以,在写作的时候需要从实现说服的方法入手。

(一)说服的逻辑

说服是一种能力,而且是每个人天生的能力。说服是无处不在的,但是要实现说服需要考虑三个方面的因素。

1. 吸引力

吸引力是短视频文案的基本要求。具有吸引力的文案才能有效传播,最终说服人们。要将短视频文案的吸引力做得卓有成效,需要达到以下三个基本要求。

(1)信息必须能让对方听懂;

(2)信息必须能满足对方的需求;

(3)信息需要根据客观的情况进行调整。

写别人能看懂的文案是最低要求,做到满足对方是更高层次,根据客观情况随时随地调整文案是必须的。

2. 传播渠道

短视频文案是通过一定的中介媒介传播到用户面前的,这些中介媒介就是传播的渠道。在目前众多的短视频平台,每一种平台都有着一定的差异。要想达到有效的传播,则要研究平台的区别,考虑传播渠道的特点,有针对性地进行文案创作。如表 1-4-2 所示。

表 1-4-2 不同的平台,不同的文案

用户规模	月活 12.13 亿	月活 5.23 亿	月活 6 亿	月活 4.85 亿	月活 2 亿	月活 1 亿
用户特点	泛用户	年轻用户	泛用户	下沉用户	年轻用户	女性用户

适用创作者类型	内容生产型／商品转化型	内容营销型	内容营销型／商品转化型	内容生产型／商品转化型	内容生产型	内容生产型／商品转化型
机会品类	专业垂类	泛生活	泛娱乐、短剧	泛生活、短剧	泛知识、vlog	泛生活
新人友好度	★★★★	★★☆	★★★	★★★	★★★☆	★★★☆
商业闭环	★★★★★	★★★☆	★★★★	★★★★	★★☆	★★★
主要变现方式	广告、电商、知识付费	广告	广告、电商、打赏	打赏、电商、广告	广告	广告、电商

不过，无论在什么平台进行传播，每一句文案，每一条信息，其终点都在人的大脑中。所以，了解用户怎样想，成为用户，才能想其所想、觉其所觉、言其所言，是文案工作的通用成功密码。

3. 说服的方式

说服应该包含以下三大要素。

（1）可信赖

可信赖来自本性。一个爱说谎言、弄虚作假的人不可信，信用是说服的前提。人们不会轻易相信陌生人。建立信用需要较长时间，但也可能在几秒钟内毁于一旦。信用是通过持续不断的行为建立的，任何时候都不能松懈。可以看到很多短视频内容生产者都需要长期持续的生产内容，通过时间来建立与用户的信赖度。

（2）有情感

作为说服手段，情感既简单易懂又充分饱满。有效的文案可以成功触动人们的情感，以喜怒哀乐各种情感牵动人们的心弦。检查文案是否有效，最简单的方法莫过于看标题与内文是否触动对方的情感。

（3）有理性

理性是指以测试、数据、演示等方法为观点提出佐证，用以说服。例如，实验证明，天天用牙签3次，可以减少蛀牙伤害15%；实验发现，经常吃苹果的人当中，有50%以上的人胆固醇含量比不吃苹果的人低10%。

（二）写作模式的逻辑

将说服能力和思维转换融合在一起，就能找到短视频文案的写作模式逻辑了。

1. 标题抓人眼球——吸引力

在信息爆炸的今天，注意力非常重要，它是平台与媒体的"硬通货"。与此对应则是吸引力，如何在两秒内抓住用户的眼球，让用户点击进入，需要从标题入手。

让短视频的标题抓住用户眼球的方法有以下几种：贴近时事热点、采用好友对话、提供实用妙计和优惠折扣、用户体验证明和讲述创业故事等。

2. 激发购买欲望——思维方式

短视频文案的本质是说服，但不是简单的说服，如果没有思维方式的转变，就没有办法实现其目的。网络上很有名的推销案例——将梳子卖给和尚就是通过思维转变,找到用户的需求,实现说服的目的。

短视频文案激发用户购买欲望的方法有以下几种:感官体验、产品对比、使用场景体验等等。

3.赢得用户信任——说服方式

让用户信赖是短视频文案的主要任务之一,可以通过权威专家的证词、采用亲身体验等方法来化解用户的顾虑。

4.引导马上下单——思维方式

大多数短视频文案为了避免引起用户的反感,在用词方面都不会采用很直白的推销用语,而是站在用户的角度,在结尾的时候加一点引导下单的提示语。例如抛出价格锚点、帮用户算账、正当消费以及限时限量的提示等。

(1)抛出价格锚点。人类在进行决策时,会过度偏重最早取得的第一笔资讯(这称为锚点),即使这个资讯与这项决定无关。例如:在推荐一件价格较高的衣服时,短视频文案可以添加这样一段话:我们的产品致力于让您以最优惠的价格获得最佳的穿着体验,这件衣服的其他同类品牌至少卖到4000元,现在因为厂家订单量大,才能以2499元的价格拿到,性价比非常高。通过设置一个价格锚点,主动告诉用户一个很贵的价格,然后再展示"低价",用户就会觉得很实惠。

(2)帮用户算账。引导用户下单时,用户心里就会隐约地出现一个天平,一边是产品的价值,一边是产品的价格。当价值大于或等于价格时,用户会爽快地下单。例如:当用户要购买冰箱时,短视频文案可以添加这样一段话:这款产品的一级能耗价格虽然贵600元,但比二级能耗更省电,作为至少使用10年的产品,长期来看当然是一级能耗更省钱了。

(3)引导正当消费。告诉用户买产品不是为了个人享受,而是为了其他正当理由,让用户尽快下单。例如:用户想给孩子买一套早教课程培训包,一直在犹豫是否要下单。短视频文案可以添加这样一段话:从心智发展规律来看,0~3岁的早期教育对孩子的影响是最大的,在这最佳时期,给孩子好的教育就是最好的爱。引导用户明白花这个钱购买课程包是有价值的。

(4)提示限时限量。告诉用户现在的优惠是限时限量的,如果错过,产品会涨价,甚至售罄买不到,能引导用户尽快作出决定。例如:用户想给孩子买一套英语课程培训包,一直在犹豫是否要下单。短视频文案可以添加这样一段话:这个价格仅限今天最后10个名额,错过这个机会就不会再有这样优惠的价格。

职业技能训练

1.训练目标

(1)掌握短视频文案写作的思维方式。

(2)掌握短视频文案写作的底层逻辑。

2. 训练内容

（1）按照短视频文案写作的思维方式，反思自己的思维是否存在定向思维和自我思维，进行联想思维、发散思路和逻辑思维训练。

（2）依照短视频文案写作的底层逻辑，请选择一则短视频进行分析和判断是否符合逻辑。

3. 训练评价

考核标准	考核内容	得分
短视频文案的思维方式	思维转变和思维训练	30
短视频文案说服的逻辑	三大步骤	30
短视频文案写作模式的逻辑	四大内容	30
实训	短视频文案的三种思维能力训练	10

任务五　短视频文案写作工具

一、短视频文案写作的素材资源

（一）图片素材

在进行短视频文案写作的时候，不仅有文字和视频，还有对图片的需求。这些图片可以作为封面素材出现在视频中。这里提供 11 个高清图片素材的网站，供文案写作使用。

1. Pexels 网站

Pexels 网站（https://www.pexels.com/zh-cn/hero/）特点是图片都为高清画质，类别齐全。如图 1-5-1 所示。

图 1-5-1　Pexels 网站的首页

2. Pixabay 网站

Pixabay 网站（https://pixabay.com/zh/）的特点是图片类型丰富，网站支持中文搜索，图片可以免费使用，如图 1-5-2 所示。

图 1-5-2　Pixabay 网站的首页

3. Pngimg 网站

Pngimg 网站（https://pngimg.com/）的主要特点是有 10 万多张无背景的素材图片，如图 1-5-3 所示。

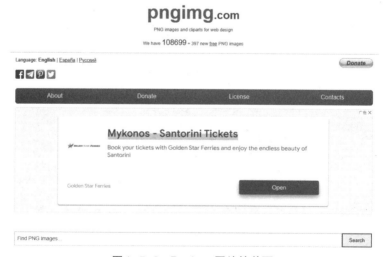

图 1-5-3　Pngimg 网站的首页

4. StockSnap 网站

StockSnap 网站（https://stocksnap.io/）的特点是由专业摄影师协办组建的，因此图片质量比较高，如图 1-5-4 所示。

图 1-5-4　StockSnap 网站的首页

5. Magdeleine 网站

Magdeleine 网站的特点是图片素材都是免费的，而且质量较高，还可以通过颜色进行搜索，如图 1-5-5 所示。

图 1-5-5　Magdeleine 网站的首页

6. Foodiesfeed 网站

Foodiesfeed 网站（https://www.foodiesfeed.com/）的特点是它都是关于美食的免费高清图片，有海量的美食图片，如图 1-5-6 所示。

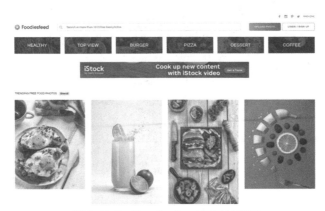

图 1-5-6　Foodiesfeed 网站的首页

7. LifeofPix 网站

LifeofPix 网站（https://www.lifeofpix.com/）的特点是它的图片都是以法国、英国、芬兰和瑞典等欧洲国家旅游景观图片为主。如图 1-5-7 所示：

图 1-5-7　LifeofPix 网站的首页

8. Upsplash 网站

Upsplash 网站（https://unsplash.com/）的特点是图片以风景为主，而且图片数量非常多，如图 1-5-8 所示。

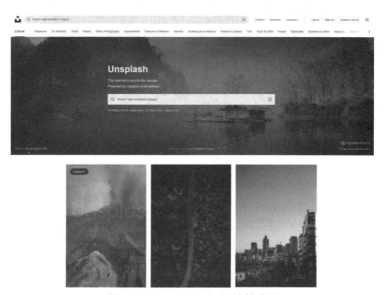

图 1-5-8　Upsplash 网站的首页

9. 拍信

拍信（https://www.paixin.com/）是国内高品质创意共享平台，如图 1-5-9 所示。

图 1-5-9 拍信网的首页

10. 千图网

千图网（https://www.58pic.com/）是国内较大的免费设计素材库，不过图片每一次免费下载的次数有限制，如图 5-10 所示。

图 1-5-10 千图网的首页

11. 千库网

千库网（https://588ku.com/）是国内设计师喜欢的图片素材库，其提供各类好看又免费的 png 图片和素材等，如图 1-5-11 所示。

图 1-5-11 千库网的首页

（二）字体素材

在短视频的制作过程中，短视频运营者为了使短视频的内容展现更直观生动，往往会加入字幕解说等。不过，在使用文字的过程中，需要注意使用的字体是否会侵权。下面介绍几个可以免费商用的字体。

1. 方正字库

方正字库的方亚黑体、方正书末、方正仿宋、方正格体 4 种字体，在商业发布情况下可以免费使用，不过需先获得方正公司的正式书面授权书才可以进行商业发布，如图 1-5-12 所示。

图1-5-12　方正字库网站的首页

2. 思源字体

思源黑体和思源宋体是 Adobe、Google 以及相关合作伙伴共同参与开发的，这些字体以开源许可证的形式在 GitHub 官网（http://github.p2hp.com/）发布，如图 1-5-13 所示。

图1-5-13　思源字体网站的首页

3. 站酷字库

站酷字库的免费字体主要有 7 种，分别为站酷庆科黄油体、站酷文字体、站酷小豪 logo 体、站酷黑体、站酷意大利体、站酷快乐体、站酷高端黑体，如图 1-5-14 所示。

图1-5-14　站酷字库网站的首页

4. 华康字体

华康字体主要有45款,如华康布丁体,不过这些字体仅可以在阿里平台免费使用,如图1-5-15所示。

图1-5-15　华康字型网站的首页

5. 汉仪字体

汉仪字体主要有18款,如汉仪中黑,不过字体仅可以在京东平台免费使用,如图1-5-16所示。

图1-5-16　汉仪字型网站的首页

（三）内容素材

文案写作需要了解行业的知识和行业动态，同时也需要多元化的知识和多角度的视野。当提笔无从下手的时候，可以运用网站工具来帮助创作。下面介绍四个素材网站，激发文案写作的创作灵感。

1. 虎嗅网

虎嗅网比较适合用于寻找专业化的热点商业资讯，网站首页如图1-5-17所示。尤其是网站的"24小时"功能，可以使短视频文案写作者快速了解24小时内的热门事件，为短视频运营者的视频创作提供思路。

图1-5-17　虎嗅网的首页

除此之外，虎嗅网的号外、时间线和文集功能等功能可以用于积累文案创作的素材。用"号外"来了解"百家之言"，看看大众对热门事件看法；用"时间线"来了解时事资讯的热点、痛点和观点，把大事件的脉络掌握于手；用"文集"来"文海淘金"，在沉淀的内容中寻找短视频文案的创作素材。

2. 押韵助手

押韵助手是一个可以在线查询押韵的字、词、诗、歌的网站，网站首页如图1-5-18所示。短视频的文案写作者可以利用网站的查询功能，匹配字词的相关单字、多押、流行、唐诗、宋词、元曲、歌词和单词等内容，进而创作出朗朗上口的文案和短视频台词。

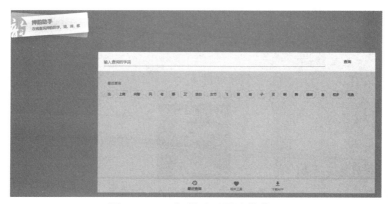

图1-5-18　押韵助手网站的首页

3. 梅花网

梅花网是一个集中了国际顶尖品牌产品创意文稿的网站，网站首页如图 1-5-19 所示。除此之外，梅花网还汇集了较新的市场营销案例，能提供了市场营销各类数据情报。短视频文案写作者可以利用其短视频、微电影和介绍视频等功能来向优秀的短视频案例学习；利用其插画与动画、包装设计和视觉识别等功能来了解国际上新的创意。

图 1-5-19　梅花网的首页

4. 顶尖文案

顶尖文案网站是一个灵感补给的平台，目前已成为国内最受欢迎的创意资讯网站之一。顶尖文案共分为创意、设计、商业、艺术、文化和科技 6 个板块，短视频文案写作者可以点击网站的各板块进行查看，从中获取创作文案的灵感。网站首页如图 1-5-20 所示。

图 1-5-20　顶尖文案网站的首页

5. 易撰网

易撰网整合了各大平台的数据，是一个文章、视频全方位齐全的素材库，特别是它包含了所有行业的热门文案。

易撰网拥有头条号、百家号、大鱼号、看点快报、一点号、凤凰号、搜狐号、网易号、趣头条和东方号等多家平台的资源，短视频文案写作者用易撰网可以对热门内容进行筛选，找出合适的内容进行文案素材的积累。如图 1-5-21 所示。

图1-5-21　易撰网的首页

不过,这个网站是一个需要付费的网站,只能免费试用两天。

二、短视频文案写作的阅读书单

短视频文案初学者,除了了解文案写作的基本知识之外,还需要阅读三种图书。这三类图书及资料分别为行业知识、工具书和素材来源。

(一)行业知识

短视频的文案涉及很多行业,如生鲜农产品的文案、日用品的文案、时尚行业的文案等等,不同行业所需掌握的行业知识是不同的。行业专业知识书籍能帮助你快速熟悉你所要写文案的行业。

对大多数的文案而言,也有一些通用的书籍,比如关于广告和市场的,这里给大家推荐几本。

1. 广告类的书籍

《一个广告人的自白》——[美]大卫·奥格威

《洞人心弦》——[美]菲尔·杜森伯里

《我的广告生涯＆科学的广告》——[美]克劳德·霍普金斯

《冲突》——叶茂中

2. 市场营销类的书籍

《市场营销原理》——[美]菲利普·科特勒

《好战略,坏战略》——[美]理查德·鲁梅尔特

《顾客为什么购买》——[美]帕科·昂德希尔

《卓有成效的管理者》——[美]彼得·德鲁克

《高效演讲》——［美］彼得·迈尔斯

《品牌洗脑》——［美］马丁·林斯特龙

《设计中的设计》——［日］原研哉

《写给大家看的设计书》——［美］罗宾·威廉姆斯

（二）工具书

刚参加工作的文案新人需要模仿工具书提供的写作模板和案例，才能在短时间内上手。如《金字塔原理》——［美］巴巴拉·明托，就是一本不错的工具书。

（三）素材类的书籍

除了之前本书提出的一些网站素材，文案写作者也可以通过阅读一些书籍来引发灵感并刺激创意。这些书可以根据文案写作者的个人意愿去选择，也可以根据自己的优劣势进行弥补。

例如，如果自己的文案缺乏一定的画面感，则可以去阅读一些影视剧本的书籍。这里推荐布莱克·斯奈德所著的《救猫咪》，这是一本适合短视频文案初学者阅读的书籍。

如果觉得自己不太了解如何写采访类的文案，则可以去阅读新闻类的书籍。这里推荐两本此类的入门书籍。

《全能记者必备》——［美］凯利·莱特尔

《创造性的采访》——［美］肯·梅茨勒

文案工作者除了需要阅读这些书籍，平时也要多留意热点的话题、新闻和影视作品，这样才能使得文案的内容能够跟上热点，受到用户的关注。

三、短视频文案写作的场景选择

（一）场景的概念

"场景"在戏剧、电影等艺术作品里，是指在特定的时空范围内发生的特定的人物行动或因人物关系所构成的具体生活画面。当"场景"这个词被运用于短视频文案写作的时候，它是指以价值为核心的人、物、时间、空间及其相互关系的各要素的总和，侧面反映产品的利益诉求。简单来说，短视频文案的场景就是从用户的视角出发，把产品嵌入用场景中，赋予产品意义和附加价值，适时提供选择该产品或服务的依据，以此来影响消费者的决策。

（二）场景的分类

人们无时无刻不处在场景之中，从生活场景到工作场景，从逛街场景到网购场景，从现实场景到虚拟场景，从固定场景到移动场景等。根据不同的维度，场景可以分为不同的类型。

（1）从空间与环境的角度来看，人们使用移动媒体的场景分为固定场景与移动场景。

（2）从表现方式来看，广告中的场景可以分为话题场景、时间场景、地点场景等。

（3）从用户的行为以及其他场景要素的差异来看，品牌传播中的场景包括共性化场景和个性化场景。

（4）从应用（产品）的使用差异来看，互联网的场景包括虚拟场景和应用场景。

（5）从发生的频次进行划分，场景可分为高频场景和低频场景；从与生活方式的相关程度进行划分，场景可分为重度场景和轻度场景；从是否具备情感意义和价值的角度进行划分，场景可分为密度场景和广度场景。

（6）基于移动智能终端的场景包括技术层面的场景和意义层面的场景，前者是指由场景的五种技术力量联合作用产生的场景，后者则是指消费者生活中的某个环节、某种生活方式、某种特定需求所构成的特定场景，如"春节红包""双 11 购物节"。

（7）从场景的产生过程来分，场景可以分为线下场景、线上场景和融合场景。

目前短视频文案的场景主要的分为五大类，即餐饮购物、生活类、出行、劳作和家庭场景。

（三）最受用户喜欢的短视频文案场景

从数据上来看，目前在抖音短视频中，涵盖了四大类十小类最受用户喜欢的场景。

1. 家庭场景

家是人们最为熟悉的地方，涉及的人物角色、人物关系都十分丰富，包括父母和子女之间的亲情，妻子和丈夫的爱情，主人与宠物之间的感情以及一个人的独处，这些都是可以表达的点。

按照家里房间的功能，在不同的房间进行拍摄时的感觉也各不相同。一般在客厅进行拍摄更多的是搞笑互动，与父母、宠物的故事一般也发生在客厅；在卧室一般是分享温馨时刻，主要是与子女、爱人之间互动，还有个人的穿搭与"自嗨"；在厨房更多的是厨艺的展示教学。

2. 生活类的场景

生活类的场景可以细分为以下五类。

（1）宿舍

这是学生群体或是初入职场的年轻人合租的场景，主要是与同学、朋友间的友谊，个人娱乐。这个群体受众恰恰是抖音的主流用户，宿舍场景能够给这些主流用户切身的代入感。

在宿舍场景下抖音内容主要是记录同宿舍室友的生活（室友唱歌、角色扮演等），自己在宿舍中穿搭、玩手指舞，与舍友共同跳抖音热舞以及男女宿舍间的互动等。这种场景十分适合年轻人"潮品"、宿舍"神器"等生活用品植入。

（2）健身房

健身房是健身爱好者常去的地方，一般为自己与另一名健身伙伴间的互动，或个人的健身展示。

健身房场景的抖音内容看点主要集中于三点：

①身材健美的帅哥美女；

②抖音神曲搭配跑步机的健身房最火舞蹈；

③壮硕健美的男士翩翩起舞形成的反差。

这类场景与健身爱好者紧密地联系起来，除了是健身品牌天然的宣传载体外，也是保健、运动服装等品牌的植入场地。

（3）舞蹈室

抖音内容中有相当大一部分是舞蹈类视频，因此舞蹈室便成了抖音中常见的一个拍摄场景,舞蹈室中的视频主要是自己与舞友们的舞蹈配合。

这类场景下的核心看点主要集中在人物角色及舞蹈的编排上。抖音中很多火起来的舞蹈如《海草舞》、*Panama*、*Samsara* 等,最早都是由专业的舞者率先进行录制并起到了示范效应从而"引爆"的。

所以舞蹈室极有可能成为未来抖音创新舞蹈内容的一个入口,成为品牌商家专属音乐、服装和彩妆进入抖音热门内容的重要渠道。

(4)运动场

抖音用户中不乏体育运动的爱好者,有很多与运动场相关的视频内容也不断涌现,这部分视频主要是对于赛场上所遇到的高手的运动记录或技能挑战。

这类场景下受到广泛欢迎的内容包括:

①强对抗性运动的赛场表现或难度挑战,其中篮球运动作为一项强对抗且欣赏性强的运动是目前的主要内容素材;

②运动会期间全校跑旗、集体舞蹈、接力赛事等充满热点的事件。

这类场景主要针对体育运动爱好者群体,具有十分强的指向性,且在录制中场景的体现较为开阔,能够容纳的信息量特别大。

(5)婚礼

婚礼作为人生中一件令人难忘的大事,在这种场景下表达的内容往往能直戳人心,其中可能包括新郎和新娘的爱情、新娘与父母亲的亲情,以及伴郎团伴娘团所体现的友情等。

婚礼的场景较多,一般涉及的细分场景有:①接亲阶段主要是新郎、新娘与各自伴郎团、伴娘团之间的趣事;②在结婚阶段新娘与父母的感情流露、结婚浪漫瞬间、新娘新郎的才艺表演等都是能够涵盖的事件内容。

婚礼涉及的流程和用到的道具十分多,是一个很好的内容制作场景。

3. 出行场景

上班族每天有很长一段时间都在交通出行中度过,所以公交车、地铁等公共交通场景也是抖音视频内容创作的主要场景之一。这类场景主要是与陌生人的互动或者路边趣闻的捕捉。目前主要的视频内容包括街头艺人表演的抓拍等。

这种场景能与线下地铁广告和公交车广告紧密结合,对线下投放广告进行二次宣传。

4. 劳作场景

这类场景又可以细分为三类场景。

(1)办公室场景

抖音的目标受众有很大一部分是初入职场的"90后"新人,办公室是他们主要停留的场所,会给他们很强的代入感。办公室涉及的人物关系主要是与同事之间的关系,以及与领导的上下级关系。对于同事往往是一起"尬舞"或相互整蛊;面对领导则是通过上下级关系的演绎达到搞笑的效果,或是让不苟言笑的领导参与"尬舞"。在办公室场景下,白领们常用的化妆品、办公用具、电子用品、办公室神器等都会频繁出镜。

（2）课室（校园）场景

与年轻的职场新人对应的是"00后"的学生群体，他们平日活动的场所就是校园及课室。该场景主要涉及同学、同桌的友谊以及与老师之间的师生情谊。

目前在该场景进行抖音录制的一般为年轻的学校教师，他们要么录制办公室生活，要么与学生一同录制一些有趣的视频或舞蹈。也有一些学生分享校园生活，一般都与食品、专业学习有关系。

（3）专业工种上班场景

抖音随时随地录制的特点，拉近了普通人与一些特殊职业者间的距离，比如空姐们的日常生活、节目主持人的播音生活以及研究员的实验，或者一些非遗手工艺者等。内容主要涉及职业内容的展示，让观看者能够身临其境地感受他们职业中的工作场景与日常生活。

在品牌宣传和推广上，由于这些职业具有特定的标识性，能够为产品、品牌打上如"空姐专用""古风人士必备"等标签，从而增加产品的识别度。

四、短视频文案写作的常用工具

（一）思维导图

思维导图，英文是 The Mind Map，又名心智导图，其首创者是世界大脑先生东尼·博赞。这是一种表达发散性思维的有效图形思维工具，它简单明了同时又很高效，是一种实用性的思维工具。思维导图运用图文并重的技巧，把各级主题的关系用相互隶属与相关的层级图表现出来，把主题关键词与图像、颜色等建立记忆链接。

目前，思维导图的应用已经非常广泛，见图1-5-22。思维导图的也有各种版本，相关软件也比较多，比如XMind、MindMaster，这些工具使用起来都比较简单方便。如果你喜欢动笔的话，也可以手绘思维导图。

图1-5-22　思维导图范例

思维导图是使用一个中央关键词或想法引起形象化的构造和分类的想法；它用一个中央关键词或想法以辐射线形连接所有的代表字词、想法、任务或其它关联项目的图解方式。在进行文案创作的时候，可以通过一两个关键词，将文案内容发散、壮大。

思维导图除了进行文案创意工作的工具之外，还可以进行头脑风暴。文案创意从来都不是一件无中生有的事情，而是通过对很多熟悉的信息进行组合排列时产生新的想法。而思维导图无疑能够极大提高文案工作的效率。

从词汇联想，到素材积累，再到文案创意，借助思维导图每个人都可以积累起一本随时可用的"文案素材包"。

（二）图片处理工具

大多数图片都无法直接使用，通过在文案中使用的图片都要进行加工处理。而经过加工处理的图片往往具备更高的颜值，甚至一些本来效果一般的图片，经过加工实现了"脱胎换骨"。当然，图片的加工处理是需要一些工具的。这里介绍几种简单的图片处理工具。

1. 截图工具

大多数聊天软件和浏览器都具有截图功能。因此，对这类图片的普通处理（如裁剪、旋转、涂鸦标注等）不需要通过软件，微信和 QQ 自身就可以实现。

普通处理后的截图想通过短视频发布，图片比例和清晰度会受到一定限制，美感也略显不足。如果要进行比例、背景、边框、拼接等方面的处理，可以使用美图秀秀、易截屏、截屏大师等软件来做，这样效率更高。

2. 拼图工具

美图秀秀可以实现不超过九张图片的拼接，不过操作起来略显麻烦，图片大小的调整以及添加文字的位置都不太好把控。当然还可以使用玩图，它的优势则在于拥有众多的模板和特效。如果要拼出与众不同的感觉，那不妨试试这款软件。

如果有很多图片需要拼接在一起，可以使用 Picsew、长图拼接等软件。这里比较推荐 Picsew，它的免费版不仅没有图片数量限制，而且支持竖向拼接和横向拼接，同时具备裁剪、文字标注等功能，在制作短视频的时候更为方便。

3. 精修工具

美图秀秀是一款常用的图片精修工具，如果想做一些特殊处理时，再尝试其他工具。例如 PicsArt 美易，它的优势在于具有图层编辑、双重曝光、一键抠图、多种贴纸背景等功能。其次就是黄油相机，它的优势是有多种文艺、唯美风格的模板，喜欢文艺范儿的人用它准没错。

另外还有 Snapseed，这是一款专业软件，通过它除了可以进行基础调整外，还可以利用内置的蒙版功能做局部调整。另外，通过它，图片的曝光度、色温、饱和度等都可以自由调节。

在一些特定的拍摄场景里，有些软件能够处理出特定效果，比如用 Foodie 拍摄美食、用轻颜相机或者美妆相机来做自拍，都可能有意外的收获。

（三）视频编辑类工具

视频编辑是一件专业性很强的事，大部分长视频的处理都是在 PC 上借助专业软件完成的。不过与短视频文案配合使用的短视频来说，很多手机 App 的功能已经足够强大，用来做各种效果编辑绰绰有余。下面，就来看几款视频编辑软件。

1. 快影

快影是快手官方推出的手机剪辑 App，基本功能都具备，不过不能对视频进行调色，可以在软件里直接启动照相机进行拍摄，这算是一个小的便利功能。另外，快影支持直接制作文字视频，可以做出文字跳动的效果，这是一个亮点。

2. 剪映

剪映是"直通"抖音的视频剪辑 App，视频和音频的编辑功能都比较丰富且简单。如果有多个视频需要进行编辑，在剪映里可以批量导入。剪映也支持对视频和图片混合导入。除了常见的贴纸、滤镜、特效、美颜等功能，在效果剪辑方面剪映支持分割裁剪视频、视频变速、修改添加音频、音频变声、人声增强等多种功能，另外也支持视频的倒放和旋转，软件里还自带多种转场特效。通过剪映给视频添加旁白配音也很方便，在编辑界面选中音频区转场特效。视频会根据录音时间来调整，以实现"同步讲解"效果。另外，剪映也支持字幕添加，并且有字幕识别功能，能够自动识别视频中的语音并转换为字幕。同时还可以编辑字幕，进行字幕排版和增加字幕特效。

3. 巧影

在手机剪辑软件里，巧影算是更为专业化的一款 App。软件的操作界面是横屏的，相对来说更利于动手操作。除基本的视频编辑功能之外，像"关键帧""画中画"这类更为专业化的效果都可通过其实现。对于资深用户来说，巧影是一个更好的选择。

职业技能训练

1. 训练目标

（1）了解短视频文案写作的三大类工具。

（2）掌握短视频文案写作需要阅读的书籍类别。

（3）掌握短视频文案的场景选择。

2. 训练内容

（1）选择一个行业，针对这个行业预计可能用到以上那些素材资源。

（2）根据这些素材资源，写作一则短视频文案。

3. 训练评价

考核标准	考核内容	得分
短视频文案写作的工具	图片、字体和书籍	20
短视频文案写作阅读书单	行业、工具和素材	20
短视频文案场景选择	五大类	30
短视频导作品常用工具	思维导图、图片处理工具、视频编辑类工具	30

项目二 生鲜农产品短视频文案写作

项目描述

　　一部优秀的产品宣传片往往离不开优质的文案支撑,好的文案可以保证宣传片发挥其最佳的营销效果。随着5G时代的到来,短视频在各大平台非常的火爆,那么你知道如何通过短视频渠道,以短视频文案为抓手,扩大农产品销售渠道,让更多的农民受惠,让广大的消费者受益吗? 本项目将通过三个学习任务,带领大家了解生鲜农产品短视频文案写作要点与技巧。

学习目标

　　1. 知识目标

　　(1)认识生鲜农产品短视频文案写作的要点。

　　(2)掌握生鲜农产品短视频文案标题和内容的写作技巧和方法。

　　2. 能力目标

　　(1)了解生鲜农产品短视频文案的标题写作技巧方法和技巧。

　　(2)在熟悉生鲜农产品短视频文案的写作技巧后,能够将其运用在实践中。

　　3. 素质目标

　　(1)从生鲜农产品短视频文案的写作学习中,了解生鲜农产品的特点及卖点,培养具备自主意识、逻辑意识和创新能力的短视频文案写作人才。

　　(2)参与生鲜农产品的短视频文案写作,培养学生的营销意识、社会参与意识和操作意识。

任务一　生鲜农产品短视频文案的标题写作技巧

一、生鲜农产品短视频文案标题要求

标题对一个短视频来说，是非常重要的，好比产品需要有一句广告词让观众记住一样，短视频有一个好的标题不仅仅让观众可以记住，更为关键的是可以让短视频平台方看到，把短视频分流并推送到对应的观众面前。

不同的行业，不同的产品，有不同的受众群体。在写作短视频文案的标题之前，需要首先考虑观众是谁，写给谁看。因此，我们需要首先考虑产品的特点和特性，进行有针对性的写作。

（一）生鲜农产品的特点

短视频的文案创作必须建立在对产品熟悉和了解的基础之上。生鲜农产品的短视频的文案主要是推广和介绍生鲜农产品，因此首先要知道什么是生鲜农产品及其特点。

生鲜农产品在我们生活中是很常见的。生鲜农产品主要是指一些水果、蔬菜、肉类、鸡蛋等初级产品，一般情况下我们称之为"生鲜三品"，即果蔬、肉类、水产品。

生鲜农产品具有以下特点：

1. 有机体属性

农产品作为食物来源，都是动物植物的有机个体。有机体有活体和死体之分。活体在生产、仓储和运输过程中可能会发生机体活性受到损伤导致病变或死亡。死体的特性是容易被空气氧化产生腐烂变质现象。

2. 储存时间不长

消费者对生鲜农产品则偏好鲜活、安全的时令产品。

3. 受自然规律制约

由于地理禀赋的不同，不同地区的物产在品种和产量上有较大差异；不同物种具有不同的生长周期和物种习性，因此生鲜农产品往往会具有较强的季节性。

4. 产地分布广

生鲜农产品的产地分布广，且主产地在农村，主销地向城镇。生鲜农产品的生产环节在农村，由于中国城镇居民人均可支配收入高于农村，且规模越大的城市物流越是发达，因此生鲜农产品更多的是由农村流向城镇。

5. 属于高频率快速刚需消费品

民以食为天，2020年中国居民在食品烟酒上消费占人均消费支出的30%左右，相对其他食品而言，生鲜农产品更具有刚需性。2016—2020年中国居民人均食品烟酒消费支出如图2-1-1所示。

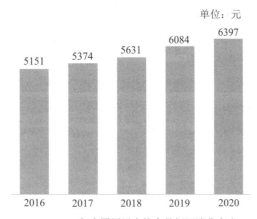

图 2-1-1 2016—2020 年中国居民人均食品烟酒消费支出

数据来源：国家统计局（2021 年）。

生鲜农产品由于具有易腐性、季节性和地域性的特点，因而其储存、市场供应和产品开发受到了极大制约。我国生鲜电商已有十余年发展历史，但是发展速度缓慢，超市、菜市场等线下渠道仍然是生鲜农产品销售的主渠道。直到 2020 年初，受新冠肺炎疫情影响，农贸市场、社区菜市场纷纷暂时停业，因而助推生鲜电商快速发展。2016—2020 年我国生鲜零售市场规模结构如图 2-1-2 所示。

图 2-1-2 2016—2020 年中国生鲜零售市场规模

数据来源：《2021 年中国生鲜电商行业研究报告》（艾瑞咨询）https://www.iresearch.com.cn/Detail/report?id=3776&isfree。

随着互联网的发展以及生鲜保鲜技术的发展，生鲜农产品的线上销售增长开始。而随着互联网的新增用户减少，获得流量的成本增加后，那些可以自主拥有、自由控制、可以多次免费获取流量的新媒体平台成为生鲜农产品推广的首要选择。

在目前，众多的生鲜农产品的文案中，也有着让人耳目一新的标题，例如"所见所得""没有中间商赚差价""产地直销""昨天太阳下山的时候它还在树上"等等，这些都是根据生鲜农产品的特点进行创作的。

（二）生鲜农产品短视频标题的特点

短视频的普及降低了优质生鲜农产品的传播门槛，给农产品宣传和销售带来新的机遇。辛勤劳作的农人、一线的产业链工作人员等，在短视频的镜头里，分享他们的故事。此外，短视频的传播打破了空间的界限，让果蔬等农产品主产地有了向外展示产品的机会，以极低的成本吸引外界关注，打开新的市场，最终实现农业变现、经济增收。而从消费者角度讲，短视频满足了他们快速获取信息的需求，同时也减少了对信息进行筛选的时间成本。目前网络上比较热门的生鲜农产品短视频标题主要有以下三个方面，如图2-1-3所示。

1. 产品科普类

这类短视频主要以科普生鲜农村产品的知识及有关生活小常识为主。这类短视频内容方面主要是进行信息输出。例如短视频是拍摄新鲜水果方面，就需要有输出水果类的科普信息，那么短视频的标题可以是"西瓜的十二种吃法""如何分辨真假车厘子"等等。

2. 美食教程类

这类短视频主要介绍生鲜农产品的各种吃法，可以介绍产地的地道做法，也可以做一些美食教程。例如短视频将一些的生鲜农产品制作成美味，那么短视频的标题可以是"最受孩子欢迎的家常菜第一名""为什么海鲜这样蒸菜更健康"等等。

3. 农业教育类

这类短视频可以根据每个产品的生产全过程做一个细分拍摄。假若有生产基地，就拍摄从种苗到成熟到销售的整个生产过程，每一个小过程，都可以形成一个知识点来做视频。这里短视频的标题可以是"从一粒种子到花开需要的十个日夜""水稻的一生"等等。

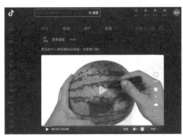  

　（a）产品科普类　　　　　　（b）美食教程类　　　　　　（c）农业教育类

图2-1-3　生鲜农产品短视频的标题

（三）生鲜农产品短视频标题的写作要求

生鲜农产品的短视频标题写作一般都遵循一个标准，就是"真实"。生鲜农产品属于观众最为熟悉的产品，所以在进行标题创作的时候，要尽量地简单、直接和准确。

此外，生鲜农产品短视频本身具有一定的带货功能，所以在进行标题创作时，需要增强用户对产品的需求，所以一定要体现出产品带给用户的"好处"。

二、生鲜农产品短视频文案标题模板

（一）说真话

在短视频的标题创作中，要抓住用户的眼球就必须从用户的角度思考问题，与用户站在同一个阵线上，从而获得用户的信赖。比如这里介绍两个标题"如何分辨真假阿克苏冰糖心苹果""如何挑选好草莓"。采用这种交朋友式的标题，可以迅速拉近与观众的距离。这两种句式可以套用在其他生鲜农产品的短视频标题写作中。

（二）正向改变

每个人都希望改变，更希望变得更好，在抖音的视频中最火爆的一个模板就是前后变身。短视频的标题写作就可以通过观众的心理进行创作。例如"这样养多肉，从绿植杀手到绿植高手""米酒制作，从外行到行家""十天让你从蘑菇小白到蘑菇专家"。以上的句式就是采用正向改变是思路，并且让改变的难度变低、时间变短和过程变少。让事情变得更简单，从杀手到高手、外行到行家、小白到专家，再加上具体的内容就可以完成标题的创作了。

（三）痛点和爽点

痛点和爽点除了是标题的创作出发点，也是短视频内容创作的基础。

在生活中，我们会遇到各种各样的难处，也就是痛点。痛点就是让人恐惧、害怕和无法被满足的需求和难题。例如现在的年轻人不会做饭，不会买菜和买水果等等。这些都是日常生活中经常遇到的痛点。特别是现在的水果有很多新的品种，观众不知道如何挑选，在物流网络发达的今天，也有很多异地的蔬菜水果不知道如何食用，这些都可以作为生鲜农产品短视频标题创作可以切入的点。

爽点则是观众能从视频中得到即时利益和好处，其特点就即时和痛快。例如"大雪天吃烤整羊，真香！""这可能是世界上最美一颗水蜜桃！"带爽点的标题需要切中观众对利益点的直接要求，一针见血，直接干脆。

三、生鲜农产品短视频标题写作误区

首先，生鲜农产品短视频标题写作中最好不要用威胁的语气，这样会让观众有一种疏离感；就算标题和视频内容非常吻合，也有内容反转，但是也会导致评论区褒贬不一。其次，标题表述要清楚，不要把不相干的信息都放到标题里面。一般短视频的标题字数最好控制在 30 字之内，其中 20 字以内作为两段式标题，20~30 字是三段标题，字数太多并不会引起观众的兴趣。最后，标题写作中还需要考虑调性的问题。例如明明是非常接地气的农产品，价格亲民且实用，但是标题写的是"你与米其林三星餐厅就差一个 ××"。会让人产生一种错乱感。

职业技能训练

1.训练目标

（1）掌握生鲜农产品短视频标题写作技巧。

（2）了解生鲜农产品短视频标题写作的模板和写作误区。

2.训练内容

（1）分析一个生鲜农产品短视频的标题写作技巧。

（2）根据分析结果，思考有没有改进的空间。

3.训练评价

考核标准	考核内容	得分
生鲜农产品短视频的特点	产品、美食和教育	20
写作要求	真实、好处	20
写作模板	讲真话、正向改变和痛点爽点	40
写作误区	威胁、表述模糊和调性不符	20

任务二　生鲜农产品短视频文案写作技巧

一、生鲜农产品短视频文案写作流程

生鲜农产品短视频文案的写作需要进行以下几方面的工作。

（一）明确需求

每一个短视频制作都会有一个明确的主题，而这个主题就来自用户需求。短视频是通过为用户服务，获得用户的关注，从而使得其内容广泛传播。因此，要进行短视频文案的写作需要做的第一步就是明确该短视频制作的目的。大多数生鲜农产品的短视频都是为了宣传和销售某种生鲜农产品。例如对于用户熟悉的某种生鲜农产品产品，短视频制作的目的就是销售；对于用户不熟悉的产品，短视频制作的首要目的是宣传。目的不同，短视频文案写作的内容也不同。

针对生鲜农产品的特点，针对目标客户群，生鲜农产品短视频的文案内容可以选择从原产地的风光拍摄、感官形容词的精确选择、产品背后的故事、产品试吃等方面入手。例如，为什么神农架的香菇味道那么香，是因为深山里的湿度还是清新的空气，抑或与培养菌菇的深山木材相关？将客观的环境与产品相关的优点互相对照，让人们理解为什么你的产品更具特色，比别人的更出色。这就是利用客观优势，加深用户信赖。

此外，生鲜农产品大多数都是可以食用，因此文案创作中，在进行感官形容词的选择需要精准，例如"喷香米饭"比"米饭"更诱人，"冰爽凉粉"比"凉粉"更吸引人。

（二）搜集资料

不同行业有不同的行业经验，其文案写作的内容也不同。对于生鲜农产品的文案写作，需要了解以下的信息：

1. 产品信息

写文案之前，需要了解所写的产品具有什么独特的卖点，例如某种蔬菜产品就需要了解它的产地、功效和食用方法。

2. 用户画像

写文案之前需要知道该产品的用户群体特征，例如年龄、性别、经济状况和价值观等。如果有条件还可以分析消费者的生活行为，即其生活与产品之前的关系。例如年龄大的人喜欢这个产品的原因是什么。

3. 社会文化因素

分析社会、文化的思潮是否与该产品之间存在关系。例如在"三农"政策的支持下，助农活动对生鲜农产品短视频的宣传具有一定的带动作用。

4. 所传播的信息

该文案需要传递什么信息。

5. 对人们的行为影响

通过文案的影响，希望人们做什么？如果需要增加购买率，需要知道什么时候购买，为何购买。

6. 方案的预算

短视频的文案与短视频的拍摄时密切相关的，因此需要根据文案的内容，预估短视频拍摄的支出。

（三）文案写作

短视频文案的写作除了标题的写作，主要有以下几个方面的内容：

1. 写大纲

一般来说，写文案之前需要先写大纲，这样可以保证思路清晰，逻辑顺畅。

2. 场景选择

生鲜农产品短视频多以记录乡村生活为主，画面中多展示农业劳动场景；或者运用多镜头多场景，将农村日常生活、邻里交往、田地劳作等农村故事通过多角度、全方位呈现。可以选用记录乡村风貌、农家生活，厨房灶台、锅碗瓢盆、日常劳作、邻里往来、人情世故等大众熟知的生活场景，也可以选择出产并销售生鲜农产品的果园、农贸水果市场等场景。

3. 写正文

正文基本上就按照大纲来写，这里需要注意两点。

第一，重点要突出。短视频文案字数不多，尽量精简地、准确地传递信息，紧紧围绕主题并提炼鲜明观点。例如，文案的目的是突出生鲜农产品的新鲜，就尽可能去写出让用户能马上体会的新鲜感觉。

第二，诉求单一。短视频文案与广告最大的区别就是，短视频文案写作立足于用户，而非卖家，如图 2-2-1 所示。如果短视频的文案内有明显的卖货内容，容易引起用户的反感。

图 2-2-1　生鲜农产品短视频的正文示例

4.写结尾

结尾的内容主要有两个方面:第一是提醒用户关注和点赞,这里可以埋下槽点并提出下个视频的预告;第二是提供一定的福利和利益点给用户,吸引用户关注。

(四)复盘总结

复盘总结主要是在短视频发布两天之后,结合视频的播放量、点赞量和收藏量等,对短视频进行复盘总结,并针对选题、标题等环节进行强化练习。

二、生鲜农产品短视频文案模板

(一)大纲模板

生鲜农产品短视频文案的大纲模板是:情境→冲突→疑问→回答。例如写购买西红柿,大纲可以写成:刚毕业的职场新人想自己做饭节约生活成本(情境)→菜市场各种蔬菜眼花缭乱,不知道怎么下手(冲突)→焦虑,寻找解决办法(疑问)→西红柿适合多种做法,引出产品(回答)。

(二)正文模板

1.开头

文章的开头最好带有悬念,采用问句开头。例如"你知道西红柿有多少种吃法吗?""如果不吃西红柿,你会缺少多少种维生素呢?"

2.正文

一般正文都是以叙事为主,常见的叙事结构为:

目标→意外→反转→结果;

目标→障碍→努力→结果;

目标→幸运→收获→结果。

在叙事过程中,需要注意的要点一般不超过五种。例如西红柿有很多种做法,但是视频里面最好只选 3-5 种特别的、新颖的或常见的做法。如果内容过多不容易呈现,可以将菜谱放在结束的字幕上。

三、生鲜农产品短视频文案写作误区

生鲜农产品的短视频文案写作中,需要注意避免出现以下几种误区。

(一)使用非常规词

在文案和标题中最好不要出现一些生僻词、网络用词、缩写词等,机器人根本"读不懂",那么机器人就无法帮你精准地匹配用户,受众范围会大大缩小。

(二)文案太长

短视频的文案不宜过长,一般在 1~2 行文字为宜。用户一般在一个短视频页面停留的时长约 3 秒,短视频文案过长容易导致用户不想看。

(三)违反规定

这方面包括违反短视频平台规定和法律法规,后者是严格禁止的,会被封号。

例如抖音平台规定:

1. 文案不能夸张,比如使用"震惊""吓死了""最高级""全世界""胆小慎入"等故意夸大的词语。

2. 文案不能用演员的真名代替剧中的名字,误导用户以为是明星的花边新闻。

3. 文案与视频内容不符,与事实不符。

职业技能训练

1. 训练目标

(1)掌握生鲜农产品短视频文案写作流程。

(2)掌握生鲜农产品短视频文案写作大纲模板。

(3)掌握生鲜农产品短视频文案写作正文模板。

(4)了解生鲜农产品短视频文案写作误区。

2. 训练内容

为一款生鲜农产品写作短视频文案。

3. 训练评价

考核标准	考核内容	得分
生鲜农产品短视频文案写作流程	明确需求、搜集资料、文案写作和复盘总结	40
生鲜农产品短视频文案写作模板	大纲和正文	30
生鲜农产品短视频文案写作误区	三大误区	30

任务三 生鲜农产品短视频文案案例介绍

一、生鲜农产品短视频介绍

（一）生鲜农产品短视频的制作背景

2017 年 10 月，党中央在十九大报告中提出了乡村振兴战略。2019 年 5 月，中共中央办公厅、国务院办公厅印发了《数字乡村发展战略纲要》，提出要繁荣乡村网络文化，加强农村网络文化阵地建设，大力支持"三农"题材的网络文化优质内容创作。CNNIC 发布的第 46 次《中国互联网络发展状况统计报告》显示，截至 2020 年 6 月，中国农村网民达 2.85 亿人，占网民总数的 30.4%；农村地区互联网普及率达 52.3%。这直观地反映了"数字乡村"时代的到来。数字乡村是伴随数字化、信息化和网络化在农村经济、社会、文化发展中的应用，以及农民互联网信息素养的提高而产生的农业农村现代化的内生式发展和转型进程。截至 2020 年 6 月，我国短视频用户规模达 8.18 亿，占网民整体的 87%。

在此背景下，各大短视频平台也开始对"三农"短视频进行推广。例如 2019 年农民日报和字节跳动联合发起"金稻穗奖"，是我国首个移动互联网领域的"三农"信息奖项，聚焦于评选并嘉奖在"三农"领域有突出贡献的内容创作者。抖音、快手等短视频平台也已经开始推出相应的"三农"创作激励计划，扶持"三农"内容创作，助力脱贫攻坚和乡村振兴。例如火山小视频推出"携手火山振兴魅力乡村"活动，上线"美丽新农村"专区，号召宣传美丽乡村新风貌，随即又推出火山"三农合伙人"计划；快手推出"快手幸福乡村创业学院""幸福乡村带头人"计划，通过鼓励短视频创作者展示自己的乡村创业心得吸引更多的"新农人"回乡创业等。今日头条的西瓜视频将"三农"设置为独立的频道板块，为其提供流量的扶持与帮助，开办"西瓜学院"，为创作者提供免费培训课程，加大流量补贴和加大对新用户算法推荐的方式，吸引了更多的创作者加入"三农"领域，生产出优质的视频内容。而生鲜农产品与"三农"领域密切相关，因此，大量的生鲜农产品的短视频通过短视频平台的帮扶政策获得一定的活动助力和推广。

（二）生鲜农产品优秀短视频文案特点

目前生鲜农产品短视频主要分为两种：一种是拍摄农村的日常生活，同时推荐和介绍一些生鲜农产品；还有一种是生鲜农产品的美食教程。因为这两种短视频都比较容易拍摄，文案的撰写难度也不大，同时也非常受用户的青睐。

农业教育类的短视频具有一定的门槛，拍摄难度高，文案选题范围较窄，而且不容易被广大用户接受，只在比较小的圈子传播。此类短视频的推广并不容易。例如某抖音博主周××从 2016 年开始拍摄微菌类，每个月大约要拍 10 次，每次拍 2000 张左右，一个月约两万张，一年能拍二三十万张照片，为其短视频提供素材，而到了 2020 年她才爆红，这其中的坚持和难度可想而知。而且就算在各大媒体上曝光，其抖音账号粉丝也仅仅 50 万左右。如图 2-3-1 所示。

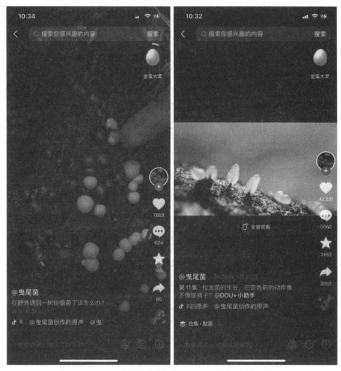

图 2-3-1　某抖音博主周 XX 的短视频截图

在生鲜农产品短视频制作中，大多数的短视频账号都不会局限于某一种题材，往往会在其拍摄的短视频中融合多种选题内容，让文案的选题不单一，也能持续更新短视频。但要注意，如果是同一个账号生产的短视频，文案撰写需要考虑同调性的问题，即短视频的风格统一的问题。例如某美食领域头部账号小李的短视频风格是唯美、复古，其短视频文案里鲜有搞笑、无厘头的内容。

二、生鲜农产品短视频的案例分析

目前国内很多生鲜农产品短视频在文案写作方面并不尽人意，大多数是记流水账一般，开始的时候可能内容有些新奇，吸引到一定量的粉丝，但是长期来看，想要获得更多的用户是存在难度的。因此，写作一篇优秀的生鲜农产品短视频文案是非常重要的。

这里选取两类案例进行文案分析。

（一）某果农短视频文案实例

某果农抖音账号的生产者为王姓抖音博主（以下简称小王），其身份为一名水果批发商，拥有 200 多万粉丝的短视频账号，如图 2-3-2 所示。

图 2-3-2　某王姓抖音博主的抖音截图

在这个抖音账号里面，小王教粉丝如何挑便宜又好吃的柑橘，告诉他们去水果批发市场"不要穿新衣服、别开车、别洗头"。网友老催他在抖音上卖水果，他不卖，大家就去他家的摊位前找他。最多的时候，他一天能卖出 27 吨红提。

下面我们来分析一下小王的短视频文案有哪些方面值得学习和借鉴。

1. 短视频文案大纲

根据小王发布的短视频内容，我们可以将他的短视频文案大纲归纳为：

真实的工作场景或者模拟消费者购买的场景→消费者和水果商之间的信息不对称产生的冲突→如何去解决这些冲突→回答。对每个短视频账号归纳文案大纲模板，有几种好处。第一，创作的时候可以节约时间，因为短视频有一个非常显著的特点就需要及时更新，抓住用户，发展用户，如果在文案写作方面花费大量的时间，会影响短视频更新的效率。第二，每个短视频账号的文案大纲的写作都是通过大量的复盘进行总结和提炼，保证能够在短时间抓住用户的眼球。第三，固定的文案大纲并不会给用户带来审美疲劳，反而可以给用户观看的时候带来舒适感和熟悉感，因为可以通过新颖的选题、短视频的拍摄技巧和文案正文里的金句等等来解除审美疲劳。

不过这种文案大纲模板是适应没有专业的短视频拍摄团队和短视频文案写作的初学者。如果是有专业的短视频拍摄团队的情况下，短视频更新的周期大约为一个月，而视频的长度基本上都是 15 ~ 20 分钟，这对于大多数短视频生产者而言并不容易做到。

2. 短视频文案标题

短视频文案标题写作方面，抖音博主小王生产的内容主要是输出一些水果方面的知识，例如丑橘和耙耙柑什么区别、为什么看起来差不多的樱桃价格不一样、便宜的榴莲要等什么时候等等。因此他的短视频的标题也是非常直截了当的，同时加上有一些关键词或者热点词汇，增加短视频的曝光量，如图 2-3-3 所示。

图 2-3-3　抖音博主小王的短视频文案标题

3. 短视频文案内容

从他的短视频文案内容来看，每一个视频开始的第一句话一定是介绍自己。"大家好，我是王××"。这句用河南话说的开场白，抖音博主小王过去一年在抖音上重复了 200 多遍，已经成为他的短视频广告词。在短视频文案内容设定中，有热点型内容、标签型内容、广告型内容，而小王的视频内容很明显是第二种，重点在于"塑人设"。因此，在短视频文案写作中，需要可以从塑造人设，保持视频风格的统一性入手。

在他的短视频文案中，最为鲜明的特点就是实在。在短视频里的他就像街上随便走过的一个糙小伙子，未经梳洗打扮，有时天还没亮就去市场，一边撸鼻子一边用河南话讲最近适合买哪种水果、不同品质的水果都会流通到什么地方。这种风格跟小王的个人特性相关，因为他不会做别的事情，讲普通话让他不自在，干脆用熟悉的乡音。恰恰是这种实在和真实感拉近他与用户之间的距离，让用户觉得他可能就是曾经在一个水果摊遇到的一个老板而已。

其场景选择一般都是在室内的水果批发市场，或者室外的水果产地果园中，拉近博主与用户之间的距离，让人感觉真实可靠。

4. 短视频文案复盘总结

在 2019 年春节期间，抖音博主小王在抖音上发了一条关于讲解车厘子行情的小视频，评论量一下午就达到了上千条。随后他根据视频复盘总结后，把以前发过的视频重新剪辑上传，保持每天 1 ~ 2 条的更新频次，之后每个视频的开头，他都会用"大家好，我是王××"这句话开篇。由此他才确定了自己的短视频内容风格，而在内容创作中主要讲解关于水果小知识、批发市场门道的内容。从小王的案例来看，短视频的文案并不是一次成稿，很多都是通过与用户的互动，需要多次反复的修改，复盘总结，从而形成自己独特的一套文案体系。

5. 短视频文案与短视频平台之前的关系

其实抖音博主小王从 2018 年下半年就开始在今日头条平台上，发布一些自己创作的小视频。这些短视频长度一般都是三分钟左右，但做了几个月，视频一直不温不火，涨粉难。但是，让他真的爆红的是抖音的短视频。

目前淘宝、抖音、快手、今日头条、微博等越来越多的内容平台入局短视频、直播领域，对短视频文案撰写者而言，针对不同的平台，需要写不同的文案。

对像小王这样没有专业运营团队的批发商户来说，抖音和快手，因为入门门槛相对较低，成了他们的第一选择。例如快手平台的用户喜欢网红，抖音用户喜欢看内容。从抖音的用户画像显示，大专及本科以上学历的用户占比达到了 50% 以上，50% 以上的用户来自超一线以及一二线城市，这是快手平台的用户所不具备的。根据最新数据显示，截至 2023 年 1 月，抖音的月活跃用户已经突破了 20 亿。不过，视频内容是可以多平台、多渠道分发的，因此想要在哪个平台获得更多用户的关注，就可以从该平台的用户画像入手，打造爆款文案。

6. 优秀短视频文案实例分享

下面以小王发布的其中一期短视频作为案例分享如下（如图 2-3-4 所示）：

图 2-3-4　抖音博主小王的某期短视频

（1）视频时长

该视频时长为 3 分 20 秒。

（2）文案标题

后熟类水果催熟都是这样 # 猕猴桃熟咧 # 源头好生鲜 # 某果农。

（3）拍摄地点

水果批发市场。

（4）文案正文（文案风格质朴）

大家好，我是小王。咱们的猕猴桃开始发货了。我给大家讲一下这个猕猴桃咋催熟。

首先收到货以后检查一下果子，看一下这个果子果面有没有压伤了，因为这个翠香的猕猴桃熟度比较快而且比较容易压伤。有压伤的我们可以给你们退款。可以看一下果子有没有压伤了。因为这个翠香是个扁果型，所以他的有的会往外突出一点。压伤的情况还是很有可能的。先检查一下果子。收到货以后把猕猴桃从那个蛋托里面拿出来，给他催熟。尽量不要放在托里边催熟，因为猕猴桃成熟的时候捏一下就会被捏坏。整体轻拿轻放，不要来回捏，因为有的猕猴桃，放到手里边稍微有一点点手感，如果捏的手感重，就把猕猴桃捏坏，催熟就不好吃了。就这样把它放进去。

你也可以一次不用放这么多。你可以一个托盘，一个托盘的催熟，另一个托盘儿，然后把它放在旁边。然后你就合着箱子就行了。你可以用你的感官看一下。因为农产品不可能都是一模一样的，但是我们是机器选的果。它的重量都在这个规格区间。如果有哪个果子感觉到相差特别大的话，就是因为这个大的果子是超规格的。我们作为添秤放的，而不是因为小规格不符合要求，我们把小规格塞进去了。包括我M（卖）的所有的货都是这样。如果你想把它催熟更快的话，最好是放个苹果或者香蕉，放在（箱子）里面。还是把这个箱子捂起来就行了。然后你把它静置一下，放两天就行了。

这些后熟的水果，猕猴桃和芒果这一类的，催熟的过程中，希望大家不要一天一捏，一天一捏，每天去看它熟了没有。而是静静地等待一天或者两天。如果你想看果子熟了没有，你这个轻轻地握在这（展示握的方法）。轻轻地握，不要老是捏他。因为你捏很容易把局部捏坏，就整体的握。当他有橡皮的手感的时候，我认为还是需要再催熟一点。猕猴桃催到啥时候能吃，我感觉你应该自己做一个实验。这个是稍微还有一点硬（展示猕猴桃切面），你看，切出来的时候，他这个子比较硬的时候，（特写猕猴桃切面），说明他还不太熟。等他熟的时候，它的心不会太硬，是能够割断的。这个时候才是能吃的。

这个脆香出来以后，你吃的过程中，你就都能闻见一股香气。（剥猕猴桃，并试吃）鲜甜，鲜甜（感叹）。因为这种后熟类的东西，消费者在催熟的过程中，多多少少可能都会有一点问题。比如说他有局部的变成糖心糖化了，如果他不是坏了或者没有问题的话，我认为他是完全没问题的。总归一句话，这几种后熟类的水果，你买到以后把它放这。只要不是太心急的每天去摸它，它都会熟，而且吃起来口感都非常不错。

（二）某美食制作类短视频文案实例

1. 短视频账号背景介绍

在抖音上有个短视频账号为"××9妹"抖音博主，拥有400多万粉丝。其创作者出生在广西南部山里的农村，年轻时候外出打工，直到2014年，为照顾孩子，才回到家乡，承包土地种植水果，成为一个普通农妇，虽然收入不高，但是勉强能维持生活。然而2017年成为九妹迈上另一条轨道的标志性的一年。2017年，短视频成为最大的风口，九妹的侄子张某城，预见到了乡村题材短视频的潜力，开始着手策划"××9妹"账号。张某城把短视频的主角聚焦到甘某琴，并将拍摄内容定位为农村美食，因为甘某琴老公卢某宋在家中排行第九，因此取名为"××9妹"。2017年5月19日，"××9妹"在西瓜视频投放了第一期视频《8个咸蛋，1斤猪肉，这次农村美女要搞什么，竟然如此大动干戈？》，九妹在自家厨房里展示了"肉蛋挞"的制作过程，第一次出镜的九妹手足无措，讲话磕磕巴巴，但仅仅几天时间，播放量达二十多万。很快美食短视频让九妹站稳了脚跟，拍摄内容开始拓展到了农村的田间地头、日常的劳作、风俗习惯等，农村生活的一切都成了九妹创作的素材，并受到粉丝的喜爱，仅三个月时间，粉丝量突破50万，11月，粉丝量达到80万，九妹走上网红的道路。

2017年8月，九妹一次无意的拍摄，成为她的另一个转折点。8月份，是百香果成熟的季节，九妹为了兼顾摘果和拍摄视频，因此将拍摄场地从厨房搬到了果园，拍摄内容从美食制作扩展到了工作记录。2017年8月22日，视频《16岁侄女家水果大丰收，农村美女进山帮忙摘果，一摘就一大篮》记录了九妹采摘百香果的过程，也正是因为这个视频，为她带来了1.5万千克的订单。同年11月，她的网店开始运营，主要售卖芒果、荔枝、皇帝柑等灵山当地的土特产。"××9妹"通过视频进行电商引流，将粉丝注意力经济转化为财富，实现流量变现。

不仅如此，"××9妹"始终坚持迎合国家政策，在政府的指导下，九妹助力了全国数十场助农扶贫活动，去全国各地销售滞销产品。据统计，2019年"××9妹"共计销售农产品600万千克，惠及5000多户农户；扶贫产品的销量150多万千克，惠及2000多户贫困户，直接为当地提供就业岗位80多个，间接带动500多人就业，带动贫困户实现就业脱贫200多户。2020年，灵山县在"××9妹"的带领下，通过"线上＋线下"的销售方式，所销售农特产品达15万吨，销售额约50亿元，3万多名贫困户因此受益。

2. 短视频文案

（1）标题分析

××9妹的短视频标题都是简单明了，突出食材和食物的特点，也会运用感官词语，吸引用户的眼球，如图2-3-5所示。

图2-3-5　××9妹的短视频标题账号

（2）短视频文案写作内容

"××9妹"短视频所拍摄的场景，没有轰轰烈烈的场面，更多的是聚焦于生活中的琐碎。如图2-3-6所示。内容虽然简单，无非是九妹与家人、朋友以及邻居的人情世故，如九妹会在水果成熟之际，先送一些给父母；九哥生病，九妹会细心照顾，为他做饭；同事之间和谐相处，相互扶持。短视频中体现了长辈与小辈之间、夫妻之间浓浓的爱与和谐，每到摘果季节，邻里乡亲会过来帮忙摘果打包。这些画面都体现出这个农村妇女的善良、朴实、孝顺和勤劳。

"××9妹"短视频的数量很多，从文案内容来看，主要涉及传统习俗、电商引流、公益、美食和生活日常等。这里重点关注其美食短视频的文案。美食类的文案按照烹饪的时间顺序动态地呈现一道菜的制作过程，通常以俯拍的视角，短时间内展示一道菜的烹饪方法。

美食短视频的食材主要以自己种植和饲养为主，拍摄场在九妹家的厨房，厨具多为极具农村特色的柴火土灶，选择制作方便且简单并能在短时间内讲解清楚的家常美食，或者当地特色美食，抑或通过网络学习的"网红食品"，用近景和特写拍摄食材，以俯拍为主，制作过程中配有解说，教程结束后，九妹会对该美食进行展示并品尝，以第一人称视角告诉受众食品的味道，极具诱惑力和代入感。从食材的选择—处理—烹饪—品尝在短短的几分钟内一一呈现，最后采用九妹惯用的"好了，观众要流口水了，就和大家说再见了"的结尾语。

"××9妹"美食类的短视频不仅有简单详细的教程，也有极具诱惑力的"吃播"，受众不仅能学到技能，也能满足视觉享受。同时，九妹还会售卖制作美食的食材，实现流量的变现。

图2-3-6　××9妹的短视频内容

3.优秀短视频文案实例分享

（1）视频时长

该视频时长为1分18秒。

（2）文案标题

自家养的5斤大土鸡，做成白切鸡，好看＃农村＃××9妹＃农村生活。

（3）场地选择

自家厨房内。

（4）文案正文（图2-3-7）

今天呢，就来做一个白切鸡来吃。（展示土鸡，清洗土鸡）漂亮吧！农家土鸡。

现在我在外面刷一点盐给它,(演示摸盐的过程)把那些腥味给它腌出来。现在水开啊,就直接放下来。(演示煮土鸡)又拿上来,给里面的这些凉水,给它跑出来。这样的鸡肉更加嫩了。

现在给它烫过了之后,再拿出来降一下凉水。(演示用凉水冲洗土鸡)这样子的皮就会更脆了。(演示将土鸡重新放出锅内煮)。这样就可以了,放姜放葱,然后再给它小火,它慢慢地就熟了。(快速演示煮鸡过程后,将鸡从锅内取出,切块,放到饭桌上,大家分享,众人分说好)

"好,好!""好漂亮的鸡肉!""白切鸡!"(拍摄众人吃鸡的场景)

图 2-3-7　美食类案例短视频正文

职业技能训练

1.训练目标

(1)掌握生鲜农产品短视频发展的背景。

(2)掌握优秀的生鲜农产品短视频文案选题和内容。

(3)了解选择优秀的优秀的生鲜农产品短视频或者短视频账号学习的目的。

(4)掌握通过学习优秀生鲜农产品短视频或者短视频账号,提升短视频文案写作的技巧和方法。

2.训练内容

(1)阅读短视频文案案例,说明其受到用户喜欢的原因。

(2)根据短视频文案案例,提出可以改进的地方并说明原因。

3.训练评价

考核标准	考核内容	得分
生鲜农产品短视频发展的背景	国家政策、短视频平台活动	10
优秀的生鲜农产品短视频文案选题和内容	调性一致,选题多元	20
案例分析	指出案例成功之处	50
实操训练	进行生鲜农产品短视频文案的写作	20

项目三 日常生活用品短视频文案写作

项目描述

　　日常生活用品即普通人日常使用的物品，生活必需品，如家庭用品、家居食物、家庭用具及家庭电器等。要想让日常生活用品类短视频成为爆款，主要还是要看其短视频文案够不够吸引人，毕竟现在是内容为王的短视频时代。那么，日常生活用品类短视频文案要怎样才能吸引用户呢？本项目将通过三个学习任务，带领大家了解日常生活用品的短视频文案写作技巧。

学习目标

　　1. 知识目标

　　（1）认识日常生活用品短视频文案写作的要点。

　　（2）了解日常生活用品短视频文案标题和内容的写作技巧和方法。

　　2. 能力目标

　　（1）掌握日常生活用品短视频文案的标题写作技巧方法和技巧。

　　（2）在熟悉日常生活用品短视频文案的写作技巧后，能将其运用在实践中。

　　3. 素质目标

　　（1）从日常生活用品短视频文案的写作学习中，了解日常生活用品的特点及卖点，培养具自主意识、逻辑意识和创新能力的短视频文案写作人才。

　　（2）参与日常生活用品的短视频文案写作，培养学生的营销意识、社会参与意识和操作意识。

任务一 日常生活用品短视频文案的标题写作技巧

一、日常生活用品短视频文案标题要求

（一）日常生活用品短视频的特点

1.日常生活用品的特点

日常生活用品是产品概念分类中的一种，是人类在日常生活中经常使用的物品的统称。可根据产品在家庭环境中所处的空间位置不同分为以下几大类：厨卫用品、办公用品、卧室用品等。日常生活用品最大的特点就是常见且不可或缺，它们几乎涉及我们在日常生活的方方面面，不管是衣食住行还是休闲娱乐我们都能看到它们的身影。

除此之外，日常生活用品还具有以下特点：

（1）价格低、体积小。日常生活用品如果是消耗品，则单价会比较便宜，如果是厨卫用品也属于小家电，体积小，总价不会太贵。对于短视频而言，这样的产品容易在视频中展示和推荐。

（2）经常使用。日常生活用品基本上使用频率很高，因此，对于消费者而言，舒适安全则是选择日常生活用品的标准之一。

（3）购买频率较高。日常生活用品大部分都是快消品，使用频繁也就导致购买频率较高。

近年来无论是结婚、生子的，还是单身、恋爱的，以小家庭或个体为单位的宅居、独居生活日益普遍，"无效社交""社交恐惧症"挂在了新一代人嘴边。既然社交减少，待在家里的时间变长，居家生活的舒适度追求会越来越高。家居服、内衣、厨房、家清、个护类小家电、宠物食品、用品等日常生活用品的需求上升，市场增长。而在疫情防控期间，零售消费、日常生活用品的线上渗透率持续上升，电商相关的信息展示、商品供给、支付、仓储、物流等基础设施进一步完善，在线上几乎可以方便的购买一切日常用品。

据调查显示，56%网购用户在电商销售大促期间关注了日用百货用品，44%的用户在大促期间关注家居用品，可以看出居家的日常生活用品是用户关注的焦点，如图3-1-1所示。其次，在选择平台上，主要以大的电商平台为主，自媒体的促销活动已经开始逐渐提升比例。最后，用户对消费券的关注也是消费日常生活用品的一个特点。

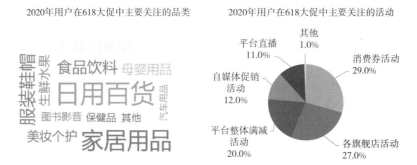

图 3-1-1 2020 年用户在 618 大促中关注的品类和活动情况

数据来源：iClick 调研，N=1000，于 2020 年 6 月通过艾瑞 iClick 社区调研获得。

　　日常生活用品由于其具有价格低、体积小的特点，容易在线上销售并运输。再加上其购买频率较高，所以促销期间提供的消费券对用户来说吸引力比较大。

　　随着新媒体的发展，日常生活用品在视频网站的推广也开始逐渐增加。在目前众多的日常生活用品的短视频中，大部分都为种草类和日常生活类短视频。而在标题的选择上，则大多数都是贴近日常生活的内容和日常生活用品的特点进行撰写。

　　种草类的短视频标题基本都是根据日常生活用品的特点，瞄准用户的痛点进行创作。例如"爱牙好物分享，防止无效刷牙"，"童话小夜灯音乐盒，夜黑有他陪你入睡"等等。日常生活类短视频则是根据日常生活内容，让用户有所共鸣进行创作。例如"新家搬进去，你知道有哪些存在的危险吗？"

　　2. 日常生活用品短视频文案标题的特点

　　目前网络上比较热门的日常生活用品短视频文案内容主要有以下两个方面：

　　（1）生活知识或者日常生活用品科普类。这类短视频主要以科普日常生活用品的知识和生活小常识为主。这类短视频内容方面主要是进行信息输出，也有人把这种视频称为种草视频。例如短视频是拍摄某种家用小家电，就需要生活中可能需要这种小家电的场景，进而介绍这种小家电的信息。那么短视频的标题可以是"洗碗机的几种使用方法""如何正确地使用卫生卷纸"等等。

　　（2）生活 vlog 类。vlog 是 video blog 的缩写，意思是视频博客。生活 vlog 就是个人的视频集，把自己生活中的某些事情通过视频录下来，并将这些视频剪辑制作好上传到网络平台，更形象一点的生活 vlog 就是个人的视频日记，它可以让任何人看。这类短视频主要介绍日常生活的细节。生活 vlog 类会有意无意地将一些日常生活用品放在视频里，但是在标题的写作中需要写清楚视频的内容以及推荐的产品。一般生活 vlog 的标题可能会长一点。例如短视频拍的是出门收拾行李，那么短视频的标题可以是"带五个月婴儿出门行李箱大公开/和我一起打包行李吧"。

　　（二）日常生活用品短视频标题写作要求

　　日常生活用品的短视频标题写作一般都遵循一个标准就是"具体"。日常生活属于用户最为熟悉的生活场景，所以在进行标题创作的时候，用语尽量地直接和贴近生活。

　　由于日常生活用品短视频是具有带货功能，所以在进行标题的创作中，需要引导用户对产品产生需求。把引导用户认识需求，自然过渡到引导用户认识产品。标题写作中需要对产品进行确定性和独特性的描述。

　　二、日常生活用品短视频文案标题模板

　　（一）突出功能

　　日常生活用品都是带功能性的产品。例如户外太阳能驱蚊灯能有效赶走蚊子，就可以让人享受无蚊宜人的夏夜。日常生活用品的短视频文案就需要找到用户内心的渴望，并将产品的物理作用放大为更有说服力的情感效用。在标题的创作上就需要将产品的功能突出，吸引眼球。例如，护眼台灯的功能是照明和护眼，更大的用处是"保护"挑灯夜读孩子的眼睛。在文案中，精确罗列各种功能点是必须的，在标题的创作中则需要更加准确针对用户的需求。例如，一个充电宝的功能不只体现在各种参数上，参数是必需的，在参数之外，想想它对用户还有什么好处。这个推荐充电宝的短视频标题可以写为"一个真正厉害的人，天涯海角不断电"！这个标题蕴含了这个充电器不只能为你充电，更能让你轻松地成为一个厉害的人。短视频的拍摄内容可以加上各种应用场景，例如在各种人迹罕至的地方不断电，然后再加上它的参数和利益点。

从产品的功能出发，文案要写出利益点。而从利益点出发，文案需要思考产品隐藏的用处。通过深入的观察，多从用户的角度思考，看看产品与用户契合的地方，在标题里面把产品更精准的用处是什么表达出来。

（二）针对性

针对性首先来自产品本身精准面对某个市场，例如，不同配方的洗衣液适合不同材质的衣物，不同味道的薯片满足不一样的口味。

针对性一般来自观察对方的需要。例如拍的做旧款瓷砖的短视频标题可以这样写"不是每个人都懂得旧东西的美，除了你"。针对性写法最简单的就是在标题里面加上"你"。

针对性写法最简单的就是在标题里面加上"你"。标题只要加上"你"，便更具针对性。下面再举几个类似的例子，比如"有了这款面包机，你就是天才面包师！""有了你和这暖风机，一家好温暖！"这些标题加了"你"之后，用户与短视频之间就拉近了距离。

除此之外，要让标题有针对性的第二种做法就是将产品的规格数量化。例如樟脑球的短视频标题可以写为"10 包樟脑球，包你一整年没虫扰！"。这里需要看看产品的容量，看看能用多长时间，足够多少人分享，看看在文案中是否可以写出情景还原，看看是否具备针对性。因为文案就是沟通和对话，亲切地对着用户说，用户会更喜欢听。

（三）痛点

解决痛点是标题的创作出发点，也是短视频内容创作的基础。而日常生活用品对于用户来说，就是解决问题的工具。从这个角度来看，用户的问题就是痛点。

日常生活用品都能帮助人们解决现实问题，但是这些问题往往又是内心的问题。例如，效率手册赶走拖延症，运动鞋驱赶怠惰的灵魂，修身衣饰击败人们不想面对的体形，等等。

所以文案在罗列产品功能的同时，需要思考标题的写作来帮助用户解决内心的问题。例如，杀虫剂的短视频标题可以写为"2 小时会面歼灭小强士军！"。厨房的下水槽置物架的短视频标题可以为"征服下水槽的脏乱差（下水槽置物架）"。从这个角度来看，日常生活用品的短视频标题一定要写的有正能量。

三、日常生活用品短视频标题写作误区

日常生活用品短视频标题写作中根据其类别有不同的写法。

生活知识或者日常生活用品科普类的标题要尽量地简洁和精准，不要模糊信息，不要把

不相干的信息都放到标题里面。

生活 vlog 类的标题写作最好要把视频内重要的信息都传达到，而且给人的感觉要亲切，传达正能量的情感。标题字数最好控制在 20~30 字之内，尽量把重要的标签都标注上。

最后，需要注意一点就是任何日常生活用品都是要让用户拥有一个更健康、更舒适、更美好的生活。所以在写作标题的时候，一定不能让用户感觉到负面的情绪，在调性方面一定要温馨和温暖，用语温和可亲。

职业技能训练

1. 训练目标

（1）掌握日常生活用品短视频标题写作技巧。

（2）了解日常生活用品短视频标题写作的模板和写作误区。

2. 训练内容

（1）分析一个日常生活用品短视频的标题符合上述哪些写作技巧。

（2）根据分析结果，思考有没有改进的空间。

3. 训练评价

考核标准	考核内容	得分
日常生活用品短视频的特点	生活知识或者日常生活用品科普类、生活 vlog 类	20
日常生活用品的特点	价格低、经常使用和购买频率高	10
写作要求	具体、确定性和独特性	30
写作模板	突出功能、针对性和痛点	30
写作误区	模糊和调性	10

任务二　日常生活用品短视频文案写作技巧

一、日常生活用品短视频文案写作流程

日常生活用品短视频文案的写作需要进行以下几方面的工作。

（一）明确需求

日常生活用品的短视频不一定都是为了宣传和销售某种日常生活用品。在这里只介绍宣传或销售日常生活用品的短视频文案写作。

在进行文案创作之前，需要先明确该日常生活用品的特点，针对目标客户群，再进行日

常生活用品的文案创作。科普类日常生活用品的文案内容大多数选择从讲故事的角度切入，也有直接将问题呈现，提出解决办法。而生活 vlog 类的文案内容选择则比较丰富，有记录日常生活流水账、有在家开箱和有剧情的等等。

（二）搜集资料

日常生活用品的文案写作，需要了解以下的信息。

1. 产品信息

写文案之前，需要了解所写的产品具有什么独特的卖点，例如某个保温杯就需要了解它的保温时长、造型和技术特点。

2. 用户画像

写文案之前需要知道该产品的用户群体特征，例如年龄、性别、经济状况和价值观等。如果有条件还可以分析消费者的生活行为，即其生活与产品之间的关系。例如为什么用这个产品送礼的原因。

3. 社会文化

社会、文化的思潮是否与该产品之间存在关系。例如在 AI 技术下，人们对智能家庭的接受程度会影响对智能家居家电等日常生活用品短视频的接受程度。

4. 传播信息

该文案需要传递什么信息。

5. 对人们的行为影响

通过文案的影响，希望人们做什么？如果需要增加购买率，需要知道什么时候购买，为何购买。

6. 方案的预算

短视频的文案与短视频的拍摄时密切相关的，因此需要根据文案的内容，预估短视频拍摄的支出。

（三）文案写作

短视频文案的写作除了标题的写作，主要有以下几个方面的内容：

1. 写大纲

一般来说，写文章之前需要先写大纲，这样可以保证思路清晰，逻辑顺畅。如果是科普类日常生活用品的文案大纲，需要明确每一个场景存在意义。如果是生活 vlog 类的文案则需要明确每一个场景之间的切换的关系，不然内容太跳跃会让用户看不懂。

2. 场景选择

日常生活用品短视频常用的场景为餐饮、购物、休闲、出行和家庭场景。这些场景会自然而然地出现日常生活用品，让用户不觉得突兀，也能拉近与用户之间的距离。

3. 写正文

正文基本上就按照大纲来写，如图 3-2-1 所示，这里需要注意以下几点。

第一，如果是科普类日常生活用品的文案则需要突出重点。这类短视频文案字数不多，尽量在短时间内抓住用户痛点，准确的传递信息。不然会让文案有一种说教的感觉，引起用户的反感。

第二，如果是生活 vlog 类的文案，可能内容比较零散，但是风格要一致，叙事要有逻辑。在短视频的文案内不能有明显的卖货内容，而是根据内容进行前提铺垫，结尾稍微点出产品即可。

第三，如果文案内容是写剧情的，则可以将剧情设计巧妙，反转让人惊讶，让用户能有新奇和惊奇的感觉。

第四，文案的出发点需要考虑用户的需求。每个人都渴望活得更健康、更舒适。文案中的产品是否可以满足对方的需求，帮他减轻压力，在忙碌中享受片刻的惬意，让他的生活变得井然有序，少一些担心，多一分愉悦。例如，一个置物架赋予人们的不只是钢板承重，而是让人们的生活变得井然有序，心情舒畅。置物架的文案除了包括产品的硬参数，如最大承重、板材厚度、长宽尺寸，还必须加上应用场景。用了这个置物架会得到怎样的效果，这些需要在文案的大纲中体现出来。

图 3-2-1　日常生活用品短视频

4.写结尾

日常生活用品短视频文案结尾的内容可以提醒用户关注和点赞以及提供一定的福利给用户，还可以通过字幕加上产品的使用说明和注意事项。

（四）复盘总结

复盘总结主要是在短视频发布两天之后，通过用户的浏览、点赞、分享、搜索等数据，对短视频文案的模板和内容进行调整，给用户想看的内容。

二、日常生活用品短视频文案模板

(一)大纲模板

日常生活用品的短视频文案的大纲模板可以根据视频类别分为科普类大纲和生活 vlog 类大纲。从严格的意义上来看,只有科普类里面的种草类和生活小技巧类属于带货范畴的视频,生活 vlog 类里面推荐的日常生活用品往往都是属于视频内容附带或者是有赞助商提供的。在这里只介绍带货类短视频文案的写作大纲。由于种草类(也包括开箱类)短视频往往可以用在更为广泛的产品中,所以在本章节只介绍生活小技巧的文案写作技巧。

生活小技巧的文案大纲模板是提出问题→解决办法(介绍产品)→展示解决过程(产品使用演示)→推荐产品。例如写洗碗布的文案,大纲可以写成:目前洗碗布存在的问题→介绍新型的产品及特点→展示使用该产品的过程特别是突出优点→提供购买渠道和特惠价格。

(二)正文模板

1. 开头

科普类文案的开头整体概述要解决的问题,最好特别直接的点出用户的痛点,告诉用户要提供的价值内容。一般采用问句开头。例如"你知道怎么选择洗碗布吗?""你用过的洗碗布好不好用呢? 有哪些缺点?"

2. 正文

正文需要具体阐述解决的方法和途径,采用阐述的方式把干货一点一点地输出来,干货之间可以采用并列式结构或递进式结构。一般正文都是以叙事为主,常见的叙事结构为:

(1)提出问题→解决问题→推荐产品

(2)提出问题→科普问题→解决办法→推荐产品

(3)提出问题→科普产品→产品介绍

3. 结尾

这里总结强调,需要强调提供什么样的技巧和知识,对文案内容进行总结。

在文案内容上需要注意,当提出解决问题的时候,要点不要太多,要与推荐的产品直接相关。例如筷子容易发霉,解决办法有很多,但是如果短视频是为了推荐不锈钢筷子的话,最好不要在解决办法的写作上下功夫,而应该直接跳过解决办法,进入产品介绍的环节。

三、日常生活用品短视频文案写作误区

日常生活用品的短视频文案写作中,需要注意避免出现以下几种误区。

(一)避免缩写词汇

避免缩写词汇的原因是用户可能会看不懂,就算看到标题也不会点击,其次平台机器人无法识别,也会降低推荐量。

(二)表述过于官方

适当口语化表达,避免官方语态,这样容易把产品介绍写的像厂家的广告。同时文案内容需要尽量符合产品的情况,不要去夸大功效和功能。

职业技能训练

1. 训练目标

（1）掌握日常生活用品短视频文案写作流程。

（2）掌握日常生活用品短视频文案写作大纲模板。

（3）掌握日常生活用品短视频文案写作正文模板。

（4）了解日常生活用品短视频文案写作误区。

2. 训练内容

为一款日常生活用品写作一则短视频文案。

3. 训练评价

考核标准	考核内容	得分
日常生活用品短视频文案写作流程	明确需求、搜集资料、文案写作和复盘总结	40
日常生活用品短视频文案写作模板	大纲和正文	30
日常生活用品短视频文案写作误区	三大误区	30

任务三　日常生活用品短视频文案案例介绍

一、日常生活用品短视频的介绍

虽然日常生活场景在短视频拍摄中是非常受用户欢迎的，但是目前国内很多日常生活用品短视频在引流方面并不如人意，在播放的排行榜上也不是太靠前。原因就是在文案写作方面存在难点。

除了种草类短视频用户的接受度较高之外，生活 vlog 类短视频的用户大多数是通过观看来解压的，所以在推荐产品方面的力度并不是太明显。而科普类的短视频在引流和变现方面方法还处于开创阶段，目前也仅有极个别的视频号在这方面进行了突破。

二、日常生活用品短视频的案例分析

（一）科普类短视频文案实例

1. 短视频账号背景介绍

在这里就分享一个创号三年，全网收获粉丝超过 2000 万，仅在抖音平台视频点赞就超过 1700 万的视频号，如图 3-3-1 所示。

该视频账号定位百姓生活领域，内容涉及生活领域的方方面面，都是生活的小技巧。从生姜的保存方法、消灭蟑螂的办法到黄鞋洗白、美工刀的隐藏功能等等，优质、创意成了该账号的核心竞争力。在 2020 年疫情防控期间，该账号制作并发布了抗疫短视频，包括如何正确佩戴口罩、消毒液的正确用法等等。之后，该账号视频团队收到了央视频的感谢信，感谢其助力疫情防控期间中小学"停课不停学"，提供优质免费有创意的网络课程资源。

在有一定粉丝基础之后，该账号团队开始在文案方面进行改进。他们坚持内容为王、在领域内精耕细作，从产品的生活化、物美价廉等出发，创作了灭蟑螂神器、草本香皂、热熔胶枪等日常生活用品的短视频，并得到用户的青睐。

图 3-3-1　该抖音账号和央视频的感谢信

2. 短视频文案分析

这里来分析一下该抖音账号的短视频文案有哪些方面值得学习和借鉴。

（1）短视频文案大纲

根据该抖音账号短视频的内容，我们可以归纳他的短视频文案大纲为：模拟用户生活的场景→用户在生活中遇到问题→如何去解决这些问题→提出解决办法和介绍产品。

（2）短视频标题

该抖音账号短视频文案标题写作方面，主要是输出一些生活小技巧，例如不锈钢锅发黑发黄怎么办、订书机的隐藏功能、戴口罩耳朵痛怎么办等等。该抖音账号短视频文案标题基本都是通过提问来进行创作的，也就是给用户设置悬念，如图 3-3-2 所示。这类标题通常是把话说一半留一半。用户会在猜疑、揣测中期待视频接下来将发生什么。这种风格的标题，可以帮助提高视频播放完成度。如果视频效果也与用户期待值一致，还会促使用户热情互动。而且不能在标题中展示任何答案，答案就在视频中。要模仿这种写法就可以在标题里面用到这些词：这几招、这几个秘密／方法、这一句话／这一个点子、大家都在看、应该这样玩／追／做、2 分钟学会、我以为……结果……，等。

图 3-3-2 该抖音账号短视频文案标题

（3）短视频写作内容

在该账号短视频文案写作内容方面来看，每一个视频开头，第一句话一定是介绍自己，如图 3-3-3 所示。

在短视频里人物的穿着打扮都是一致的，穿着一件围裙，场景都在室内。短视频内的环境的一致性会让该账号的个人风格明显，具有极强的辨识度。而在其短视频文案内容中，最为鲜明的特点就是实用且有创意。

同时，在进行内容创作的时候，也需要紧跟时事和热点问题。例如在疫情开始时，创作与口罩、消毒有关视频内容。

图 3-3-3 该账号短视频文案内容

（4）短视频文案复盘总结

日常生活用品类的短视频在引流和流量变现方面存在很大的问题。所以该账号团队也正在努力攻坚流量变现的行业难题。在他们的视频中，可以发现视频的播放量有低有高，进行产品推荐的视频的播放量虽然不是最高，但是相比一直制作普通的视频来说，播放量还是挺高的，如图3-3-4所示。可见，播放量高低关键还是看短视频的制作水平。

这里可以做一个简单的对比，图3-3-4中第一行的视频是产品推荐短视频，第二行则是普通的生活小妙招短视频。从用户的点赞来看，产品推荐短视频的点赞量并不低，普通的生活小妙招短视频的点赞量也是有高有低。通过观看产品推荐的三个小视频，我们会发现该账号在产品推荐方面还没有完全找到一个固定的文案模板，对比来看筷子和螨虫的点赞量比较高，而消灭蟑螂短视频相对较低。蟑螂的这个短视频是采用真实的实验的方法进行产品推荐的，说明生活类的短视频的调性还是很重要的，用户对于这么直接的实验会有排斥感。如果改用动画或者其他的呈现方式可能更为用户所接受。

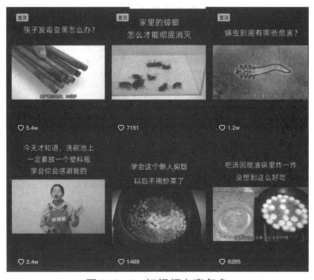

图3-3-4　短视频文案复盘

3.优秀短视频文案实例分享

下面以该账号发布的其中一期短视频作为案例分享如下（如图3-3-5所示）。

（1）视频时长

该视频时长为3分20秒。

（2）文案标题

螨虫的危害有哪些，很多人还不知道。

（3）拍摄地点

室内工作室。

（4）短视频文案

图 3-3-5　案例短视频产品购买信息

螨虫大家都知道，但是螨虫有哪些危害很多人都不知道了。研究发现人的脸上普遍存在两种螨，分别是毛囊蠕形螨和皮脂乳形螨。这两种螨虫数量一旦过多，就会引起毛孔粗大、痤疮、痘痘、毛囊炎、脂溢性皮炎、花斑藓等侵害皮肤现象。很多人皮肤瘙痒、酒糟鼻、长痘痘就是因为螨虫引起的。（图片或视频科普螨虫知识）

现在我就教大家如何轻松有效地去除皮肤上的螨虫。在我们自然界中有一种植物叫作苦参，它可以杀虫灭菌，可以解决皮肤的很多问题，对皮肤的湿疹、湿疮、搔痒都有很好的作用。在医疗上苦参也被用于治疗各种皮肤问题。那对于我们经常用来洗脸洗澡，直接用苦参肯定是不方便的，所以该博主就找到了一款用苦参提取物制成的除螨皂。这款皂经过妙招一个多月的试用，感觉是真的非常好用。

不管是洗脸还是洗澡，洗完皮肤都感觉非常的清爽和光滑。它这个除螨用的也是非常科学的配方，里面有苦参提取物、植物净螨素、硫磺泉提取物。硫磺泉提取物具有软化皮肤、溶解角质、灭菌杀虫的作用。这些提取物合在一起就可以有效的祛螨防螨，解决由螨虫引起的出油、毛孔粗大、长痘等多种肌肤问题。并且它还含有芦荟提取物、茶树精油等植物提取物，可以控油祛痘，令肌肤净透舒爽，水润光滑。不过口说无凭，该博主专门找了第三方检测机构，做了除螨率的检测报告。大家可以看到这个除螨率达到了 99.3%，除螨的效果确实是相当的不错了。同时，该博主还给这款除螨皂做了质检报告。各项指标也全部合格。

现在我们再来试用看看。（产品包装展示）打开后除螨皂的下方是有附送一个起泡网的。大家可以看到，除螨皂的中间还有一颗真的人参。（产品展示）从这点可以看出来，这款除螨皂用料是下了血本的。除螨皂外面还包着一层薄膜，包装还是非常用心的。我们现在把除螨皂放入起泡网，来看看起泡的效果。（产品使用演示）大家可以看到该博主简单搓了几下，泡泡就非常的丰富了。这个泡泡有一个特点，越搓越丰富，越搓越细腻。大家可以看到现在泡泡已经变得非常的细腻了，还很有弹性，有点像打发的淡奶油一样，这个比洗面奶的泡泡还要细腻很多，真的非常舒服。而且这个泡泡水一冲就干净，不像传统的香皂，冲完手一搓还会有残留的泡泡。而且传统的香皂洗完是很干涩的，这个就完全不会，感觉非常清爽。

这款除螨皂一共有四个用途，第一个用途就是洁面除螨。第二个用途是洗澡沐浴。很多人背部容易长痘痘，那用这款除螨皂就可以轻松解决这个问题。第三个用途是洗手。用它洗手可以除螨除菌。第四个用途是剃须。这款除螨皂泡泡丰富细腻，所以用来剃须也是非常的合适。有了这款除螨皂，等于拥有了洗面奶、沐浴露、香皂、洗手液、剃须泡，出门旅游带上它就特别的方便省事。

那这么好用的除螨皂价格会不会很贵呢？妙招姐去网上搜了一下，同类产品价格确实不便宜，基本上都要 50 元到 60 元一块。这个价格大部分人还真的舍不得买。不过这次这个博主直接帮大家找到了这款除螨皂的源头厂家，中间不经过任何经销商，直接把价格砍到了最低。在这个博主这里购买这款除螨皂，一块只要 29 元，并且包邮到家。

该博主再给大家送上一个福利，今天购买两块，再送给你一块，一共三块。如果购买三块就再送你两块，一共五块。以上不管是哪个套餐，每一盒除螨皂里面都会单独附送一个起泡网。这个几乎是天天用的产品，所以购买五块套装真的非常的超值。

那购买的方式也非常的简单，直接点击视频左下方的小黄车就可以购买咯。那这款除螨皂，该博主为了让大家放心，皂盒上是印有该博主 logo 的。绝对正品保证，该博主以名誉担保。就是因为产品非常的靠谱，所以该博主才敢印上自己的 logo。那这款产品是该博主自己打包自己发货的，品质和售后大家都可以放心。如果你有任何不满意的地方，都可以直接给该博主退回来。这是七天无理由退货退款。

好了，那么今天的视频就分享到这里，我们下期再见，拜拜！

（二）生活 vlog 类短视频文案实例

1. 短视频账号背景介绍

这里介绍一个 B 站生活类 vlog 短视频账号"× 当归哦"（如图 3-3-8 所示），该账号于2018 年 7 月入驻 B 站，发布了第一条 vlog。由于其精致的生活方式以及独特的审美，很快便吸引了大量粉丝。目前，在 B 站拥有 114.1 万粉丝。

图 3-3-8 "× 当归哦"的 B 站账号和主页

2. 短视频文案分析

（1）标题分析

短视频账号"×当归哦"每一期的视频内容较多，因此每期短视频标题都是把内容精简后直接写到标题里，而这些内容只是生活流水账一般，所以这些精简的词语通过符号隔开，极具个人特色。例如"成为妈妈前的一周 | 青酱烩饭 | 风干无花果 & 牛油果双拼贝"。如图3-3-9所示。

图3-3-9　"×当归哦"的短视频标题

（2）文案内容分析（如图3-3-10）

短视频账号"×当归哦"的每期短视频都有固定主题，即做饭、吃饭、每日穿搭以及超市购物。其叙事方式通常按顺序展开，同时塑造了一个热爱美食、热爱生活的积极形象。vlog有固定的剪辑风格，包括背景音乐和字幕等方面，如此才能拥有自己独特的风格，形成记忆点。"某时当归"的vlog背景音乐多以轻快音乐为主，符合视频内容的轻快明亮特点。以日记形式连接每一个场景，每一个场景转换都会有一个"鼠标提示音"，这形成了"某时当归"的独特风格。字幕有中英文两种，包括说话字幕和食谱字幕，还会有一些可爱的心情表达字幕。

不过，在其短视频中，都不会只记录一天的生活，而是会记录几天的生活，所以相较于其他短视频而言，其视频时长较长，更新的周期会长一点。

在"×当归哦"的vlog中，随处可见一些精致的日常生活用品，例如精美的餐具、咖啡机、插花、黑胶唱片机以及香薰蜡烛等。虽然视频中并没有极力推荐购买这些产品，但是这些美好的日常生活用品被赋予精致生活的意义，代表着博主对生活的态度。视频中时常会出现"当归姐姐太会生活了""这一段好美好！""真的感觉被治愈了！"等评论，可见在用户看来，其视频传递的是一种认真生活态度，会让用户情不自禁想去与她有同样的生活追求，进而购买同款日常生活用品。

图 3-3-10　"× 当归哦"短视频文案内容

3. 优秀短视频案例实例分享

下面以该账号发布的其中一期短视频作为案例分享如下（如图 3-3-11 所示）。

实用性跑偏的开学准备指北 | 囤积手机壳的快乐 | 清空购物车大型开箱 | 王家卫电影走出来的港风唇釉 | 高颜值...
⏱ 17.1万　💬 2067　2021-09-02 18:00:14　　未经作者授权，禁止转载

过日子的当归.Vol.15
HUGE TAOBAO SHOPPING HAUL
子时当归

1人正在看，已弹填 2067 条弹幕　　请先 登录 或 注册　　　　弹幕礼仪 >　发送

图 3-3-11　生活 vlog 类案例短视频封面

（1）视频时长

该视频时长为 28 分 36 秒。

（2）短视频标题

实用性跑偏的开学准备指南 | 囤手机壳的快乐 | 清空购物车大型开箱 | 王家卫电影走出来的港风唇釉 | 高颜值卡式炉 | 眉笔 | 棒球帽 | 渔夫帽 | 过日子的当归 Vol.15

（3）场景选择

家里室内—户外天空—家里室内

（4）短视频文案内容

我终于收到了淘宝转运的那一箱，不是淘宝转运的，是王秘书的那箱，但是淘宝买的。其实之前我就有收到过一箱，然后那个应该是我"6·18"买东西，这一箱里面的东西基本上也都是"6·18"之后的几天买的，但是现在，众所周知已经是八月中旬了，然后你们看到这个视频的时候，可能已经是下旬了。所以就是封城的日子非常艰难。我现在购物车里还有很

多东西，就我自从学会使用淘宝，我的淘宝购物车就是常年 120 件。因为我平时不是那种看见喜欢的东西马上就点击购买的那种人，我会鼓足勇气琢磨自己到底需要什么，然后到底想买什么的时候再去删一遍。所以，每一次我要淘宝的时候都会一次买很多东西，然后这一次这一大箱，真的很大一箱，给你们拆一拆。啊，之前我就在喝这个咖啡，这不是广告啊！我最近就老想喝甜的东西，然后就会去买那个老街场的速溶咖啡，是甜甜的，很好喝。然后我一般都是喝这个白咖啡和这个榛子口味的。因为我自己平时喝咖啡的话是不会加糖的，但是有时喝这种咖啡就是会有一种幸福感。

（打开纸箱）满满当当的，应该是王秘书帮我打包的，所以就把那个多余的箱子，还有其他盒子什么的全部都拆掉了，不然的话就会是一个大麻袋。然后先是一件 T 恤衫，叫什么？（拆开标签）"Call Me Baby"。其实我当时只是觉得那个红色字儿很好看，就是白 T 加红色字儿是很好看的，没有那么素，然后红的也会有一点那种法式的感觉，但那个 call me baby 有一点点小尴尬，不过还行，大小是没什么问题的，应该是均码。

然后我想买一些帽子，（拆开包装）不过这些都是给我妈买的。我自己到目前为止几乎没有戴过帽子。这些应该都是韩版或者是日版的，棒球帽都是很基础的款。反正我就发了一堆链接或者图片给我妈看，然后由她选择。我觉得还蛮好看，然后刚刚这个 "R" 的话，棕米色也是挺好看的。

......

之后是买了两个可爱的小炉子，给自己买了一个，然后给我妈买了一个。（拆箱）是这个 Dr.Hows，这是韩国的牌子（如图 3-3-12）。然后我妈妈她选的是这个纯白的。它就是没有什么特别，跟平时用的这种卡式炉没有任何区别，就是颜值比较高。然后白的就是卡式炉的这种标准尺寸，就不需要特别去配不一样尺寸的瓦斯罐。然后我买的这个是小的那种，它是有还有蓝色、粉色，似乎是，我记得是。因为这个很可爱，小小的，只不过是它相对来说会短一些。所以要么就是买那个小号儿的，我看它那个官网上是有卖那种小号的瓦斯罐儿，放进以后不会戳出来。所以如果买正常的（瓦斯罐）话，从这个角度看，其实会突出来一些的，关系不大。最后当然还买个烤盘。（烤盘文案略）

图 3-3-12 生活 VOLG 类案例短视频内容

然后就这样,今天的分享就到这里,拜拜。

职业技能训练

1. 训练目标

(1)了解日常生活用品短视频存在的问题。

(2)通过学习优秀日常生活用品短视频或者短视频账号,提升短视频文案写作的技巧和方法。

2. 训练内容

请在抖音平台上选择一个播放量在当前排名前五日常生活用品短视频,分析其受到用户喜欢的原因。

3. 训练评价

考核标准	考核内容	得分
日常生活用品短视频存在的问题	引流、变现	20
优秀的日常生活用品短视频介绍	行业定位,内容选择	20
案例分析	四大维度	40
实操训练	进行日常生活用品短视频文案的写作练习	20

项目四 服装服饰品短视频文案写作

项目描述

　　服饰行业天生具备以视觉为中心的属性，如风格、颜色、上身效果、功能性等均为"核心卖点"。因此，服饰商品的视频化呈现有着得天独厚的优势。好的短视频文案是获取流量密码的主要基石，那么，如何进行短视频内容策划，才能快速打造服装服饰品爆款视频呢？本项目将通过三个学习任务，带领大家了解服装服饰品的短视频文案写作技巧。

学习目标

　　1. 知识目标

　　（1）认识服装服饰品短视频文案写作的要点；

　　（2）了解服装服饰品短视频文案标题和内容的写作技巧和方法。

　　2. 能力目标

　　（1）掌握服装服饰品短视频文案的标题写作技巧方法和技巧；

　　（2）在熟悉服装服饰品短视频文案的写作技巧后，能够将其运用在实践中。

　　3. 素质目标

　　（1）从服装服饰品短视频文案的写作学习中，了解服装服饰品的特点及卖点，培养具自主意识、逻辑意识和创新能力的短视频文案写作人才；

　　（2）参与服装服饰品的短视频文案写作，培养学生的营销意识、社会参与意识和操作意识。

任务一　服装服饰品短视频文案的标题写作技巧

一、服装服饰品短视频文案标题要求

（一）服装服饰品短视频的特点

1. 服装服饰品的特点

服装服饰产品是产品概念分类中的一种，它有以下几种特点。

（1）随季节变换。对于大部分地区而言，季节的明显差异，致使服装服饰产品的销售按照季节的变换而变换。而一年之中服装服饰产品的销售量和价格会随气温的波动而变化多次。

（2）受流行影响。服装服饰产品总是随着市场流行周期的变化而不断地更新，"时尚"和"流行"是服装服饰产品永恒的主题，因此服装服饰产品的生命周期相对较短。

（3）地域之间差异。不同国家和地区由于文化、经济、种族、气候等多种因素的影响，致使相同时期的服装服饰产品流行和消费呈现差异。

（4）服装服饰款式无专利。由于服装生命周期短，所以一般不申请专利保护，又由于服装款式容易模仿，因此服装市场"抄袭行为"非常普遍，这就造成品牌服装经营风险大，新款服装一旦被模仿，企业的市场占有率和利润率会迅速下降。

总的来说，服装服饰产品能提供给消费者基本效用、利益和功能。例如帽子提供遮寒蔽体的基础效用，如果提供时尚方面价值就是装饰功能，而帽子如果是高档名牌的话，就是能给用户提供别的利益。

近年来，新媒体是服装服饰产品推广和销售重要引擎。随着过去 10 年电商的蓬勃发展，服装行业的线上销售从无到有，复合年均增长率达 65%，线上渗透率从 2010 年的 0.4% 快速增长到 2020 年的 36.6%（如图 4-1-1 所示），线上渠道是过去 10 年驱动服装行业销售增长的重要力量。在 2017 年后，抖音、快手、小红书等新社交媒体热度逐步提升，商家在这些平台上通过图文和视频直播形式宣传，大大加强了与消费者的直接交流和互动。

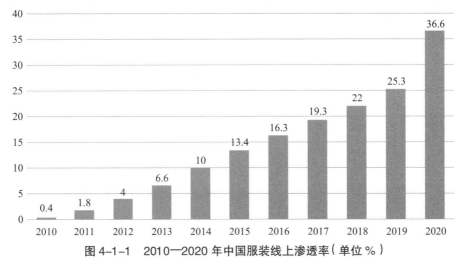

图 4-1-1　2010—2020 年中国服装线上渗透率（单位 %）

数据来源：中国报告大厅　前瞻产品研究院整理（2021 年）。

通过购物平台的短视频介绍对服装服饰品进行了详情介绍，便利了购物方式。此外，短视频推广在服装服饰品这种注重视觉效果的产品中具有一定的优势，因此将逐步成为时尚服饰类商品宣传和销售的重要路径。

2. 服装服饰品短视频文案标题的特点

目前网络上比较热门的服装服饰品短视频文案内容主要有以下三个方面。

（1）知识科普类

这类短视频文案内容多是进行穿搭知识分享和时尚趋势介绍。其中穿搭知识分享的方向总的来说有 3 种，即怎么挑选、怎么穿搭（最常见）、怎么清洗或保养，这三个方向基本涵盖售前、售中和售后三个方面。因为这类短视频内容主要是进行信息输出，所以也有人把这类视频称为种草视频。例如短视频是拍摄搭配技巧的，标题可以为"微胖的女生该如何选择裙子？""职场白领如何穿出优雅气质？""一米五的女生如何穿显高？"。另外还可以利用标签引流，例如"衬衫马甲要如何搭配"。如果是种草类视频可以加上种草或者安利的标签。

（2）感官体验类

这类视频主要是对服装服饰品的展示。常见的短视频文案内容方向包括街拍、卡点走位、日常穿搭分享和户外穿搭展示。这样的内容优点在于能批量产出内容，但是随着同质化内容越来越多，展示记录类文案内容又进行创新，出现了四种新的文案内容即：创意展示类、才艺展示类、主题分享类和对比类。

其中，创意展示类和才艺展示类可以让文案在展示服装的时候内容更加精彩。主题分享类也可以让文案内容更加丰富，增加虚拟形象作为参考，让模特仿如从虚拟世界里走出来一样。对比类文案内容以技术换装和技巧搭配为主，其文案内容可以借助运镜方法等进行换装表演或者用穿搭前后的反差对比来形成用户讨论，以制造话题旋涡，提升衣服魅力值。

（3）剧情类

这类视频通常还可以细分为三类，一种是由情侣、母子、姐妹、帅哥靓女演绎各种搞笑的剧情，进行间接带货。第二种是穿着推广的服饰，分享日常生活的搞笑段子。段子类的内容是最容易上热门的一种视频类型，给观众带来情感价值和娱乐价值，不经意间就达到种草的目的。第三种就是特殊人物的塑造，比如有些账号把自己塑造成裁缝、服装设计师，利用个人手艺来吸引粉丝的信任。一般来说，好的剧情类内容，账号增粉快。

剧情类短视频的内容并不固定，标题就需要根据具体的内容进行创作，但是标题创作的原则是一致的，就是标题需要从痛点、好处和好奇三个方面入手进行创作。

（二）服装服饰品短视频标题写作要求

服装服饰品的短视频分类很多，但是从卖货的角度来看，只有科普类和感官体验类的用户群体才是潜在的消费者，因此这里针对前两类进行文案内容的写作介绍。

服装服饰品知识科普类的短视频标题写作遵循的一个标准就是找到用户痛点。例如高或矮个子穿搭、不同场合怎么穿、单件合集、单件搭配等等。根据短视频内容简单明白的写出标题就行。日常生活属于用户最为熟悉的生活场景，所以在进行标题创作的时候，尽量地直接和贴近生活。

服装服饰品展示类的短视频则可以进行一些创意加工,例如加入时尚热点词汇、节假日词汇、新闻热搜词汇等等,增加被搜索到的可能性。另外,在标题里面可以留下一些疑问,引导用户观看完整个短视频。

二、服装服饰品短视频文案标题模板

(一)从众

在营销学里面有一种"群体效应消费行为",指的是假如一群人买了一种商品,周围的人便会跟着买同种商品。服装服饰品是一种能够直接感受的商品,因此在这样的商品销售中,群体效应消费行为是非常明显的。从这个现象,可以总结出服装服饰品短视频标题的第一个模板就是"从众"。"从众"就是利用群体说服,要调动群体的元素,例如100%或99.9%的妈妈、爸爸、父母、男朋友、女朋友、老公、老婆等等,他们"穿过""买过""用过的""试过的"的某个产品。

"300万粉丝都爱死的一件毛衣!"

"宿舍100%女生都喜欢的睡衣!"

"99%的女生都说帽子这样戴才有个性!"

这个世界上95%以上的人都爱模仿。这种写法的潜台词是:别人都这样,所以你也应该这样。

(二)求知欲

人人都有求知欲,都希望知道一些别人不知道的事情,获得更多茶余饭后的谈资,显得与众不同,甚至变成时尚达人。从这种心理可以总结出服装服饰品短视频标题的第二个模板就是"求知欲"。

"为什么面试成功的人都爱这样打领带?"

"为什么这裤子一穿就显瘦?"

"为什么分手穿这件衣服能促进世界和平?"

这些标题会让人觉得事情有玄机,非常有趣。第一个标题例子其实就是教人打领带,标题写成,多了一个关键的人设,一个特殊的场合,便会更吸引人。这种写法的秘诀在于具备跳跃思维和联想能力。假如你感到自己欠缺这种能力,不用担心,可以直接套用简易版本的"为什么"句式。

(三)提醒

每个人都希望自己是一个完美的人,但是在现实生活中,人们不可能面面俱到。如何帮用户解决这些问题,这里可以总结出服装服饰品短视频标题的第三个模板就是"提醒"。

"你穿着家居服见客人会不会尴尬?"

"几分钟就要拉一下内衣带子,庄重时刻你怎么办?"

"时装界预言未来一年的大趋势是大格子+小格子,你准备好了吗?"

"下一季流行的芥末色包包,提早提上一个!"

在这里服装服饰品的短视频对于用户来说,就是解决问题的工具,让用户能够轻松应对现在及未来的问题。

三、服装服饰品短视频标题写作误区

服装服饰品短视频标题写作中要注意以下几点。

第一,可能短视频拍的是同一款服装服饰品,尽可能地从不同角度写标题。因为同类标题内容太多,尤其相似度很高的标题,也会影响平台的推荐。

第二,标题平淡,无法吸引潜在客户点击,此时并不代表你的视频内容不行,虽然机器人能够识别,但是推荐之后,用户不点击,机器人认为用户不喜欢你的视频,也会降低推荐。

职业技能训练

1. 训练目标

(1)掌握服装服饰品短视频标题写作技巧。

(2)了解服装服饰品短视频标题写作的模板和写作误区。

2. 训练内容

(1)分析一个服装服饰品短视频的标题符合上述哪些写作技巧。

(2)根据分析结果,思考有没有改进的空间。

3. 训练评价

考核标准	考核内容	得分
服装服饰品的特点	季节、地域、时尚和无专利	10
服装服饰品标题的特点	科普类、感官类和剧情类	30
写作要求	痛点和创意	20
写作模板	从众、求知欲和提醒	30
写作误区	同类、平淡	10

任务二　服装服饰品短视频文案写作技巧

一、服装服饰品短视频文案写作流程

服装服饰品短视频文案的写作需要进行以下几方面的工作。

（一）明确需求

在进行文案创作之前，需要先明确该服装服饰品的特点，针对目标客户群，再进行服装服饰品的文案创作。服装服饰品的短视频核心要点是新品服装（产品）加上搭配技巧（价值输出）。

（二）搜集资料

服装服饰品的短视频文案写作，需要了解以下的信息。

1. 产品信息

写文案之前，需要了解所写的产品具有什么独特的卖点，不同类目，其产品的特点还有细分。例如女装就有休闲、正装、居家等不同的细分。

2. 用户画像

写文案之前需要知道该产品的用户群体特征，例如年龄、性别、经济状况和价值观等。

3. 穿着场景

人们会出入各种场合，不同的场合对于服饰有不同的要求。

4. 时尚

该产品的设计与现在主流时尚界有没有关联，是属于大众流行款还是小众的独特款。

5. 传播信息

该文案需要传递什么信息。

6. 对人们的行为影响

通过文案的影响，希望人们做什么？如果要提高购买率，需要知道什么时候购买，为何购买。

7. 方案的预算

短视频的文案与短视频的拍摄时长是密切相关的，因此需要根据文案的内容，预估短视频拍摄的成本支出。

（三）文案写作

短视频文案的写作除了标题的写作，主要有以下几个方面的内容。

1. 写大纲

一般来说，写文章之前需要先写大纲，这样可以保证思路清晰，逻辑顺畅。服装服饰品文案大纲的目标是需要清晰人设，并明确场景。

2. 场景选择

服装服饰品短视频的场景选择非常多，但是要与短视频文案内容相匹配。例如户外摆拍也就是行业内所谓的街拍，常见选取商业街区等特色场景。如果有实体店铺，可以在店内进行摆拍，同时也能够加大品牌的曝光率。而科普类的短视频一般都采用店内场景。

而生活类的短视频则没有明显的固定场景和特征，但是对于产品的随机性使用和生活使用有比较好的场景展现，不同场景呈现能够满足用户多元场景的需求。最重要的是，生活类短视频能够塑造丰富的人物形象，特别适合 KOL 关键意见领域带货。

此外，剧情类的短视频中场景多变，可以采用能引起更多用户关注的场景。例如以都市女性的生活为主要题材，通过各类场景化的方式进行呈现，符合目前主流的消费群体偏好，而且在心理学上会有场景代入感。在剧情上可以以办公室场景、家庭场景、休闲场景等各种场景展现，结合丰富的剧情引入，针对用户的需求进行服装植入推广。如表4-2-1所示。

表4-2-1 某女装剧情场景设计

服装卖点	场景	演员人际关系
款式	聚会场景	女性闺蜜和亲属等
工艺	家庭	亲属等
面料	办公室常见溅水等情节	同事关系
季节	春夏秋冬四季	朋友、亲属关系等
新产品	门店	顾客、销售人员等

3. 写正文

正文基本上就按照大纲来写，在文案内容上需要把握服饰服装短视频的四大要素。如图4-2-1所示。

图4-2-1 服装服饰品短视频的正文

（1）音乐选择。背景音乐是很多爆款短视频的关键要素，打开短视频的同时音乐就入耳了。音乐可以制造悬念也可以传达情绪，在写文案的同时就要提前将音乐考虑进去。

（2）视觉效果。爱美之心人皆有之，在进行文案创意的时候需要从罕见的美景、人物、崭新的视角、意外的场景、强烈反差等角度进行创意组合，用"新奇"和"美"这两个关键词勾起用户的好奇心,产生看下去的动机。

（3）好看的主角。好看是刺激用户观看的直接因素。这里的好看可以是外在的,在造型和外形上吸引用户,也可能是内在的心灵美,充满正能量,让用户产生共鸣。

（4）开门见山。短视频的时长很短,所以需要在视频开始就抛出的问题和利益点,触动用户的好奇心和求知欲,直接抓住用户的眼球。

4.写结尾

服装服饰品短视频文案结尾的内容是否提醒用户关注和点赞以及提供一定的福利给用户是依视频的内容而定的,现在很多短视频平台已经都提供了购买渠道,用户观看的时候就可以直接点击购买链接进行购买,所以结尾的部分可以提醒用户点击链接,并提供优惠或者直播信息。如图4-2-2所示。

图4-2-2　抖音平台在短视频内的购物链接

（四）复盘总结

复盘总结主要是在短视频发布两天之后,通过用户的浏览、点赞、分享、搜索等数据,对短视频文案的模板、人选和场景进行调整。

二、服装服饰品短视频文案模板

（一）大纲模板

服装服饰品的短视频文案的大纲模板比较简单直接,就是人设加场景。

给出场景（人物出场）→解决问题（产品介绍或者展示）→推荐产品。例如介绍休闲包的文案,大纲可以写成:人物出现→介绍各类产品的优缺点→展示使用该产品的搭配及购买渠道和价格。

(二)正文模板

1. 开头

文案的开头最好特别直接的点出用户的痛点,一般采用问句开头。例如"你知道去海边选择什么样包包吗?""你用过的最好的休闲包是什么?"等等。

2. 正文

一般正文都是以叙事为主,不同类型的服装服饰品短视频具体的核心内容如下。

(1)科普类短视频文案核心内容 = 女性模特 + 技巧常识 + 内容好(季节性)

(2)日常类短视频核心内容 = 女性模特 + 日常 + 产品

(3)剧情类短视频核心内容 = 女性模特 + 男性模特 + 剧情 + 产品

(4)对比类短视频核心内容 = 梯台秀 + 多种款式 + 对比 + 产品

在服装服饰品短视频文案的写作中,需要有场景感。例如,需要注意设计人物的动作和台词,不能让人物一直干巴巴地拿着衣服枯燥的讲解,要利用拍摄的远近景切换,让用户看到产品的细节。有必要的话,可以在拍摄中增加一些逼真的剧情。例如,在人物设定为服装搭配师和场景确定为服装店之后,可以加入围绕一名服装搭配师在服装店里遇见的各种类型顾客的剧情而展开话题。

三、服装服饰品短视频文案写作误区

服装服饰品的短视频文案写作中,需要注意避免出现以下几点。

(一)文案内容和拍摄画面不一致

服装服饰品的短视频的文案内容是需要通过拍摄画面来展现的,因此后期制作还是比较重要的,所以在文案写作的时候需要考虑后期的操作问题。

(二)文案内容无创意

短视频文案内容尽量原创,这样才能带给用户新奇感。

职业技能训练

1. 训练目标

(1)掌握服装服饰品短视频文案写作流程。

(2)掌握服装服饰品短视频文案写作大纲模板。

(3)掌握服装服饰品短视频文案写作正文模板。

(4)了解服装服饰品短视频文案写作误区。

2. 训练内容

(1)选一则服装服饰品短视频,分析其优缺点。

(2)为一款服装服饰品写一则短视频文案。

3. 训练评价

考核标准	考核内容	得分
服装服饰品短视频文案写作流程	明确需求、搜集资料、文案写作和复盘总结	40
服装服饰品短视频文案写作模板	大纲和正文	30
服装服饰品短视频文案写作误区	两大误区	20
服装服饰品短视频文案写作实操	写一则服装服饰品的短视频文案	10

任务三　服装服饰品短视频文案案例介绍

一、服装服饰品短视频的介绍

服装服饰品的短视频数量非常多。从抖音平台来看，截至2020年6月，在抖音上主卖品类为服饰鞋包的主播占据抖音27个TOP卖货席位。据《抖音企业号—服装行业白皮书》，从2019年3月至今，抖音服装企业号数量增长5.36倍，播放量增长1.96倍，开设企业号最多的3个省份是广东、江苏、浙江。从用户的互动偏好看，抖音上喜欢服装类内容的人群整体也更活跃，多项指标高于抖音大盘。在粉丝量TOP 2000账号里，尽管服饰鞋包账号排位第4，但从均粉量和均互动量上看，都表现欠佳，基本处于垫底的位置，主要是因为内容不基于用户的喜好来制作，粉丝的互动热情也不高。同时，大多数服装服饰品的短视频都是点击率高，购买转化率低。

因此，在进行服装服饰品短视频拍摄之前选择产品和文案模板是非常重要的。换言之，短视频的定位非常重要，短视频的目标群体是什么，以什么样的形式来拍，这决定了后续整个账号风格和内容的方向。短视频是典型的货找人，是用户基于消遣娱乐的背景下，随机浏览到的内容。因此，服装服饰品短视频首先吸引用户的是内容，而不是商品。所以，文案需要想尽办法提高短视频的内容质量。文案内容要包括客户定位、针对性的干货和颜值。

二、服装服饰品短视频的案例分析

服装服饰品根据文案内容可以分为三类，这里选取两类案例进行文案分析。

（一）科普类短视频文案实例

1. 短视频账号介绍

这里分享一个服装穿搭技巧的抖音账号（如图4-3-1所示）。该抖音账号中，科普穿搭技巧短视频文案都有固定模板，其产品定位很明确，是针对个子矮小的女生，提供的文案内容都是有创意和能实现的技巧。它的大多数短视频播放量比较高，抖音店铺的商品价格不低，销量却很好。

图 4-3-1　某分享服装穿搭技巧抖音账号的抖音商店

2. 短视频文案分析

接下来，我们分析一下该账号短视频文案有哪些方面值得学习和借鉴。

（1）短视频文案大纲

根据该账号科普穿搭技巧的短视频的内容，我们可以归纳其短视频文案大纲为：模拟用户在穿搭中遇到问题→提出解决办法→演示解决过程。

（2）短视频标题

该账号短视频文案标题写作方面，由于是输出穿搭的技巧，所以可以利用用户的好奇心和求知欲来吸引他们的眼球，如图 4-3-2 所示。在标题里面加上"如何""怎么样"等词语是显示短视频有用性的最基本模式。这样的标题名称重点和心思就是要放在后面的观点上，让大家有点击的欲望。

图 4-3-2　某分享服装穿搭技巧抖音账号的短视频文案标题

通过短视频的标题就能够直接知道，该文是来告知你如何达到你想要的东西的。例如"小个子皮带多宽才合适""浅色牛仔，冬天怎么穿""不同筒高的靴子怎么穿"，同时在标题里面再加上"搭配或穿搭技巧""靴子""牛仔"等标签。该账号短视频文案标题基本都是通过提问来进行创作的，也就是给用户设置悬念，让用户在猜疑、揣测中期待视频接下来将发生什么。

（3）短视频写作内容

从该账号短视频文案写作内容方面来看，在每一个视频开始的第一句话一定重复标题的内容，这样让用户更能明确这则短视频讲的是什么内容。

该账号短视频的场景基本都是室内，很温馨的氛围，像是邻家姐姐在跟用户聊天的感觉。而视频中的女孩基本都是穿着这则视频需要讲解的衣服，这样能让用户直接看到搭配的效果。出镜人物出色的外貌和衣着，会让用户有一种"我穿着也挺好看"的心理。

该账号短视频的文案内容都是简练又直接，内容紧凑，没有多余废话，这会让短视频的时长缩短，提高完播率。在字幕的设计上，让用户能直观地感受到搭配带来的视觉效果，并且能将操作变得简单。如图 4-3-3 所示。

图 4-3-3 某分享服装穿搭技巧抖音账号短视频文案内容及字幕特效

（4）短视频文案复盘总结

该账号的短视频文案模板都是一致，用户看久可能会觉得没有新意，因此在介绍服装服饰品搭配的同时，也可以增加美妆和生活技巧的短视频。另外，在与用户互动的方面，该账号也是非常注重转化率的，除了提供穿搭技巧，还会介绍自己的产品，提供售后服务，增加销量。

3. 优秀短视频文案实例分享

下面以该账号发布的其中一期短视频（如图 4-3-4 所示）作为案例分享如下。

（1）视频时长

该视频时长为 18 秒。

（2）文案标题

几个小技巧让你避免穿搭显老的雷区 # 穿搭技巧 @DOU+ 小助手。

（在这标题里面 @Dou+ 是在抖音平台推荐流量的一种付费工具）

（3）拍摄地点

家庭室内。

（4）短视频文案

明明才 20 岁，为什么你穿衣服这么显老？那是你没穿对！

羽绒服缝纫线太密，容易显老。（穿衣效果对比）建议选择缝纫线比较宽一点的。不要把所有正式的单品都往身上推，加一些装饰性的单品点缀更年轻。（穿衣效果对比）整体颜色不要太暗沉了。

图 4-3-4　科普类短视频正文

（二）剧情类短视频文案实例

1. 短视频账号介绍

这里介绍的是抖音知名账号"岳 ××"，拥有粉丝 2000 多万，获赞 2 亿多。如图 4-3-5 所示。"岳 ××"的短视频以诙谐搞笑为基调，但内容不是空洞无物，总有一种情感的基调在里面。

图 4-3-5　"岳 ××"的抖音主页

"岳 ××"于 2015 年开始做服装生意，以男装为主，用了 3 年时间，开了 10 家实体店。随着互联网经济的发展，网购和微商的崛起让实体店生意越来越难做，10 家店只有 7 家店在盈利。面对窘境，他不断去探索。2018 年，正是网络短视频的红利期，"岳 ××"开始穿上店里的服装，逐渐提高了店里的销量。接着他开始围绕店里的服装，一边写剧本，一边拍短视频。

"岳 ××"特别注重怎样抓住观众的眼球。他搞反串，比如"穿着西装捡瓶子""穿着西装开拖拉机"。另类的视频风格引来许多人诧异的目光，甚至是嘲笑，但是当爆笑的剧情和精彩的剪辑呈现在观众面前时,他在网络上爆红了。

　　由于粉丝的暴涨和创作成本的增加,为了更好地表达自己的想法,"岳××"请了朋友和专业人士组建了创作团队。高质量的文案内容,精良的视频制作,给他带来了更多的流量和销量。

　　2. 短视频文案分析

　　(1)标题分析

　　"岳××"的短视频标题都是根据主题来确定的,围绕主题的内容,采用简单抓人眼球的词语。例如"生活需要仪式感"这句话就经常出现在其短视频的标题中。

　　(2)文案写作内容分析

　　优秀的短视频往往能在短短几十秒内通过一定的剧情把用户带入特定的情境中,许多爆款带货类短视频也有着非常优秀的剧情。通常,剧情类爆款视频都会有着完整的视频内容,出乎意料的情节以及个性鲜明的人物。尽管视频内容不同,但都将情节的反转、冲突发挥到了极致。把想法和事件以剧本创意的方式进行嫁接和整合,创作出具有记忆点的差异视频,从而得到用户的喜爱,并达到吸引目标用户的目的,用户众往往会沉浸在视频中,关注着视频的情节,所以植入或者是在中间推销产品更容易成功。

　　"岳××"的短视频文案都是具有反转剧情的小故事,总体语调诙谐,节奏轻快,也会借助一些网络上流行的段子。在其短视频文案内是看不到带货的信息,但是文案的内容会引导用户向往更高质量的生活。其惯用的人设是鲜艳的 POLO 衫、笔直的西装裤、油光发亮的皮鞋,再加上修剪整齐的胡子、一副潮流的墨镜,精致大叔的形象就形成了。而场景一般都选择农村,这样他的装扮和场景形成了强烈的反差,带有喜剧效果。如图 4-3-6 所示。

图 4-3-6　"岳××"短视频内容

职业技能训练

1. 训练目标

（1）了解服装服饰品短视频存在的问题。

（2）通过学习优秀服装服饰品短视频或者短视频账号，提升短视频文案写作的技巧和方法。

2. 训练内容

（1）阅读短视频文案案例，说明其受到用户喜欢的原因。

（2）根据短视频文案案例，提出可以改进的地方并说明原因。

3. 训练评价

考核标准	考核内容	得分
服装服饰品短视频存在的问题	内容、转化率	10
优秀的服装服饰品短视频介绍	客户定位、干货和颜值	30
案例分析	分析并说出案例成功的地方	20
实操训练	进行服装服饰品短视频文案的写作练习	40

项目五　化妆品短视频文案写作

项目描述

　　一个爆款短视频离不开热门文案，好的文案能增加短视频的曝光率，促使观看用户评论点赞，甚至关注视频账号。那么，怎样的化妆品短视频文案才有吸引力呢？你知道化妆品短视频文案应该如何写吗？本项目将通过三个学习任务，带领大家了解化妆品的短视频文案写作技巧。

学习目标

　　1.知识目标

　　（1）认识化妆品短视频文案写作的要点。

　　（2）了解化妆品短视频文案标题和内容的写作技巧和方法。

　　2.能力目标

　　（1）掌握化妆品短视频文案的标题写作方法和技巧。

　　（2）在熟悉化妆品短视频文案的写作技巧后，能够将其运用在实践中。

　　3.素质目标

　　（1）从化妆品短视频文案的写作学习中，了解化妆品的特点及卖点，培养具自主意识、逻辑意识和创新能力的短视频文案写作人才。

　　（2）参与化妆品短视频文案写作，培养学生的营销意识、社会参与意识和操作意识。

任务一 化妆品短视频文案的标题写作技巧

一、化妆品短视频文案标题要求

（一）化妆品短视频的特点

1. 化妆品及其特点

根据国家市场监督管理总局公布的《化妆品标识管理规定》，化妆品是指以涂抹、喷、洒或者其他类似方法，施于人体（皮肤、毛发、指甲、口唇等），以达到清洁、保养、美化、修饰、改变外观，或者修正人体气味，保持良好状为目的的产品。它主要有以下几个特点。

（1）安全性。化妆品是能长期使用且符合卫生要求的。

（2）有效性。大部分化妆品都能直接达到使用的效果。

（3）稳定性。化妆品的产品性质能够保持相对稳定。

（4）自主性。化妆品品类繁多，可供选择的产品也多，消费者可以根据需求进行自主选择。

（5）时尚性。化妆品属于时尚型的个人快速消费品，其也有奢侈品的功能，能用于提高仪式感。

（6）地域差异。不同国家和地区由于文化、经济、种族、气候等多种因素的影响，致使消费化妆品的偏好呈现差异。

化妆品能提供给消费者基本的功能和特殊功能。具有基础功能的化妆品就是清洁类、护理类和美容修饰类。化妆品还能提供一些特殊功能，例如有助于毛发生长、减少脱发和断发；改变头发颜色作用；改变头发弯曲度，并维持相对稳定；屏蔽或吸收紫外线、减轻因日晒引起皮肤损伤；美白增白、减轻皮肤表皮色素沉淀等等。

近年，中国化妆品行业市场规模稳步上升，发展空间广阔的同时，竞争也愈发激烈，如图5-1-1所示。化妆品市场竞争的阵地已经从电视广告延伸到了短视频等社交媒体平台。各大化妆品品牌开设的短视频账户在全行业中排名第二位。

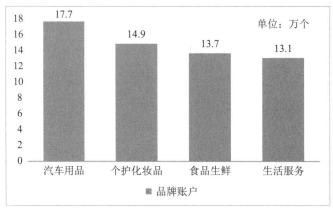

图 5-1-1 品牌短视频号数量对比

数据来源：2021年视频号发展白皮书。

现在我国化妆品已经细分成护肤品、美发护发和彩妆三大系列。"颜值当道"的时代，国人化妆渗透率快速上升。《2021年快手美妆行业数据营销报告》显示，2021年1—8月，快手美妆兴趣月活跃用户增长16.7%；快手美妆购买用户增长40.6%，月购买人群超过2700万，在美妆兴趣用户中的占比上升1.3PP（图5-1-2）。而根据飞瓜统计，2021年前三季度抖音的美妆品类月均复合增长率达12.5%。

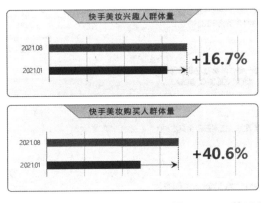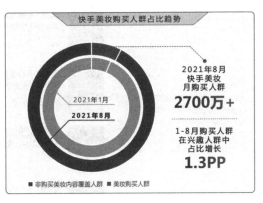

图 5-1-2 快手美妆兴趣人群增加

数据来源：2021快手美妆行业数据营销报告。

用户通过观看化妆品短视频可以学习护肤美妆技能和了解新的产品，同时也能在观看视频的同时提升审美情趣、享受社交娱乐乐趣，还能从中不断进行自我确认，寻求价值认同，促进社会化自我的完善。这使得越来越多的用户开始在短视频平台中主动搜索想要获取的化妆品的内容。根据《2021年快手美妆行业数据营销报告》，2021年8月，快手美妆内容搜索量超过1.8亿，美妆搜索用户量超3600万，对比1月分别增长13.3%和11.1%。2021年小红书统计的数据显示，口红、护肤、美甲、好物分享是日常最热门话题。可见短视频对于推广化妆品产品具有天然的优势，也是顺应消费者消费行为转变的趋势，将成为化妆品产品宣传和销售的重要路径。

2. 化妆品短视频文案标题的特点

目前网络上比较热门的化妆品短视频文案内容主要有以下三个方面。

（1）科普类

这类短视频文案内容主要是进行化妆品功效和成分说明、化妆品的使用技巧讲解。其中有些科普类的短视频是站在品牌方为其化妆品的专业科研知识背书。此外，除了常见的彩妆教程、护肤教程之外，还有些短视频是从自身缺点出发，讲解自己解决皮肤问题的小技巧、小窍门等等。这类短视频内容主要是进行信息输出，其标题主要从让用户能立刻知道视频的内容，同时运用数字让用户觉得视频内提供的技巧其实很容易，运用专业术语让用户的求知欲得到满足。例如"爆痘怎么办，有它了"逗"不是问题！""一分钟就学会的眼妆技巧，快快学起来！""八种技巧让你妆容不显脏""包学包会的两款日常工作妆容，一定要试试哦！"另外，在标题里面还可以加上用户关注的产品功效关键词语的标签，例如护肤品类的"保湿

（违反广告法'美白'应有特殊生产批号）"，美妆类的"口红"等等。如果是为品牌方做的视频还需要加上品牌的名字。如图 5-1-3 所示。

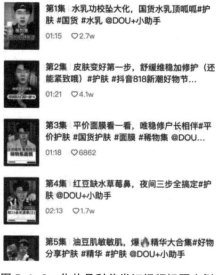

图 5-1-3　化妆品科普类短视频标题实例

（2）体验类

这类主要是展示类，常见的短视频文案内容主要是进行化妆品的效果测评、使用效果展示和使用体验分享。

在一个短视频的美妆产品专业测评中，可能出现同类的多种化妆品，吸引特定用户人群多重角度对化妆品成分验证分析。这时，在标题中往往会加上化妆品成分名称和产品品牌的名称，如图 5-1-4 所示。例如"今年三个爆款的口红色系对比，看看哪款适合你！""高端 XX 眼霜的平价替代品测评，来看看是否真的平价功效也平庸呢！"等等。

图 5-1-4　化妆品测评类短视频标题实例

　　使用效果展示和使用体验分享的短视频，其实效果有点类似于"买家秀"，这类短视频也包括开箱视频。在创作这类短视频标题的时候尺度要把握好，尽量不要让用户觉得是品牌方的官方推荐。因此标题的用语可以尽量地通俗易懂，生活化。例如"刚入手了一款面霜，来看看效果吧！""我人生中的第一支口红，给大家分享一下吧！"如图 5-1-5 所示。

第6集　这几只大牌口红颜色！买了绝对不后悔！超美！
03:55　♡5.2w

第7集　不剁手也能买的巨美平价唇釉来啦～
03:06　♡2.5w

第8集　绝美平价唇釉分享！吃土少女闭眼必入！五个颜色各有各的美！
02:52　♡3.5w

图 5-1-5　化妆品使用效果分享类短视频标题实例

（3）植入类

　　这类视频通过拍摄日常生活 vlog 和剧情类短视频，在其中植入化妆品，通过客观推荐，不要靠强卖式安利。特别是剧情类短视频，以故事为主，将产品嵌入其中，自然流畅，不生硬，观众的重点也是在剧情发展上，更具有观赏性和趣味性，也更吸引用户，如图 5-1-6 所示。因此，剧情类短视频的内容并不固定，标题就需要根据具体的内容进行创作，标题可以从痛点、好处和好奇三个方面进行创作。

图 5-1-6　化妆品植入类短视频标题实例

（二）化妆品短视频标题写作要求

化妆品的短视频分类很多，在不同分类下的化妆品短视频标题创作要点不一样。要根据视频的内容进行创作，通用的标准就是简单直接明白。如果是专业性很强的科普视频就需要加上专业词汇，如果是使用效果展示和使用体验分享短视频就需要使用日常口语词语，尽量生活化。

在标签使用上，需要搜集用户近期关注的重点内容和品牌名称，加到标题后面，例如美白，抗衰老这样的词语。这样即可以给短视频内容创作提供素材，也能让用户更容易看到短视频。此外，也有一些成分党会通过搜索成分词获取相关的美妆内容。在 2021 年 8 月快手统计的数据中，搜索量最高的成分词为水杨酸，搜索量 TOP5 的成分词在所有搜索中占比74.1%，六胜肽作为小众成分，人均搜索量最高，关注该成分词的人对其关注度较其他成分词更高，如图 5-1-7 所示。

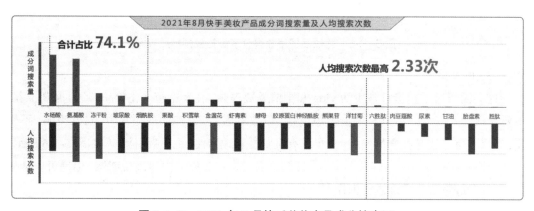

图 5-1-7　2021 年 8 月快手美妆产品成分搜索词

数据来源：《2021 快手美妆行业数据营销报告》。

二、化妆品短视频文案标题模板

（一）精准

化妆品的数量繁多，就是同一种功效的产品也有很多品牌，产品同质化的问题很严重。因此，在做化妆品短视频的时候，需要分析短视频拍摄的产品特性和用户特点，在进行标题创作的时候一定要精准地表达出产品的特色。

1. 精准谈利益

化妆品短视频的标题需要精准表达产品能提供给用户的利益。表面上用户购买化妆品是为了其带来的某种功能，实际上是为了从中获得利益。这里提供一个创作标题的思路。例如，睫毛膏带有曲线刷头，但是用户是不会为了一个曲线刷头而购买一盒睫毛膏。因为用户购买睫毛膏是为了让睫毛看起来更长更美，渴望自己的明眸更迷人。如果文案不告诉用户这个曲线刷头能给她带来什么利益点，没有人会因为一个刷头去下单。曲线刷头的物理作用是更大面积地接触每根睫毛的根部。有了这个功能，用户能够瞬间提升睫毛的长度，而给用户带来的利益点是每根睫毛照顾到，眼头眼尾超卷翘。用户从睫毛不理想，到希望睫毛卷翘迷人，最终让眼睛看起来更大、更吸引人。因此，睫毛膏的曲线刷头带来的利益的思路导图如图 5-1-8 所示。

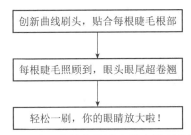

图 5-1-8　睫毛膏的曲线刷头带来的利益的思路

从这里我们就得到了一个可用的短视频标题"××睫毛膏轻松一刷，你的眼睛放大啦！"

2. 精准谈特点

安全是人类生存最基本的需求，没有人愿意无缘无故承担不必要的风险，化妆品的安全性是其特点之一，因此需要了解拍摄的产品是不是无毒无害，使用安全，不含酒精、不含汞、不伤敏感肌肤，不影响身体健康等等。如果用户有这种顾虑，那么在标题里面就需要帮用户赶走这种恐惧，给他们带来安全感，才能让用户购买这款产品。根据这样的思路，可以在化妆品标题里面写上"零添加""零色素""零酒精"等表现安全的词语。不过，这里需要注意的是如果加上这样的词语必须有专业报告的认证，不能弄虚作假或者夸大功效。

（二）感官词

正如化妆品的特点中提到的有效性，化妆品确实能给用户带来直观的改变，但是用户还没有使用该件化妆品的时候，如何让用户能感觉到他拥有这个产品后的效果，就需要在标题里面加上合适的感官词语。感官词可分为视觉感官词、听觉感官词、触觉感官词、味觉感官词和动态感官词。

化妆品产品的标题文案会大量使用视觉和触觉形容词。例如美妆产品的标题文案常用晶莹剔透、盈润水亮、柔软细嫩、舒爽透肤。例如一款夏季的面膜，其短视频标题可以写上"别样清新，清清爽爽"或者"紧致水嫩肌肤，一敷降临"。一款轻薄的粉底液，其短视频标题可以写上"轻薄透气，无敌裸妆！"。

（三）情感

每个人都希望与他人建立良好的关系。短视频中的化妆品是否可以帮助用户成为一个更美的妈妈、更帅气的爸爸、更端庄的老师、更符合职业身份的打工人等等。写短视频文案的时候要用心为用户着想，思考产品该如何帮助用户与周围的人建立更好的关系，让他们获得情感上的满足。例如卸妆产品的短视频标题可以写为"脸上干净，心里也觉得纯净了！"；一款眼霜的短视频标题可以是"有了它，再也不怕熬夜变熊猫眼了！"；一款抗衰面霜的短视频可以写成"帮你击败岁月的一瓶小可爱"。

三、化妆品短视频标题写作误区

化妆品短视频标题写作中要注意以下几点。

第一，化妆品同质化现象很严重，所以化妆品的短视频也容易出现同样的问题，因此在进行标题写作的时候一定要有自己的特色，不要抄袭，可以模仿，但尽量原创。

第二，不要夸大产品的功效，尽量不要使用一些绝对性很强的词汇，例如顶级、全网第一、多少天见效等。

第三，尽量不要出现第三方品牌的负面信息，也就是捧一踩一恶意比较。独立测评师也需要有国家专业的报告才能发布品牌的负面信息，不然容易引起纠纷。

职业技能训练

1. 训练目标

（1）掌握化妆品短视频标题写作技巧。

（2）了解化妆品短视频标题写作的模板和写作误区。

2. 训练内容

（1）分析一个化妆品短视频的标题符合上述哪些写作技巧。

（2）根据分析结果，思考有没有改进的空间。

3. 训练评价

考核标准	考核内容	得分
化妆品的特点	六大特点	10
化妆品标题的特点	科普类、体验类和植入类	30
写作要求	专业和生活化、标签使用	20
写作模板	精准、感官词和情感	30
写作误区	抄袭、夸大、真实	10

任务二　化妆品短视频文案写作技巧

一、化妆品短视频文案写作流程

化妆品短视频文案的写作需要进行以下几方面的工作。

（一）明确需求

在进行文案创作之前，需要先明确该化妆品的特点，针对目标客户群，再进行化妆品的文案创作。化妆品的短视频核心要点是化妆品加上价值输出。

（二）搜集资料

化妆品的文案写作，需要了解以下的信息。

1. 产品信息

写文案之前，需要了解所写的产品具有什么独特的卖点，是护肤、美发还是美妆产品。不同类目，其产品的种类和功效还有细分。例如睫毛膏的功能就有增长、加粗等，颜色就有蓝色、棕色、黑色等，品牌就更多了，这里就不逐一介绍。

2. 用户画像

写文案之前需要知道该产品的用户群体特征，例如年龄、性别、经济状况和价值观等。从性别来看，这款产品针对男性还是女性。从年龄的角度来看，不同的产品适合不同年龄阶段人使用，例如清洁防痘功能的化妆品适合年轻人使用、抗衰防老的化妆品适合中老年人。从身份的角度来看，职业女性和家庭主妇选用的彩妆是不一样的，不同职业的人对护肤品的需求也有差异。

3. 时尚

该产品与现在流行界之间存在什么样的关联，是哪位明星代言的，是属于国货还是其他等等。

4. 传播信息

该文案需要传递什么信息。

5. 对人们的行为影响

通过文案的影响，希望人们做什么？如果想提高购买率，需要知道什么时候购买，为何购买。

6. 方案的预算

短视频的文案与短视频的拍摄时长是密切相关的，因此需要根据文案的内容，预估短视频拍摄的成本支出。

（三）文案写作

短视频文案的写作除了标题的写作，主要有以下几个方面的内容。

1. 写大纲

一般来说，写文章之前需要先写大纲，这样可以保证思路清晰，逻辑顺畅。化妆品文案大纲的目标是需要清晰人设，并明确产品功效及带给用户的价值。

2. 场景选择

化妆品的场景选择可谓是多种多样。不同的产品适用于不同的场景，通过短视频，用户可以更深切的感知产品的价值，包括附加价值，例如这款彩妆可能会为着装者带来诸如优雅、高贵、时尚等个人魅力的加分；还可以对产品的使用场景有正确的预判，比如这个妆容适合晚宴还是出游。

总的来说，化妆品短视频中科普类的一般都在室内，给人以安全感。而剧情类的短视频就会根据情节的需求,选择不同的场景,其中生活化的场景最为常见。

3. 写正文

正文基本上就按照大纲来写,但是化妆品的短视频文案需要注意以下几个方面。

（1）背景音乐的独特性

文案需要匹配的背景音乐。好听、合适的背景音乐更具有感染观众的力量,让观众有良好的感官体验很重要,热门或者魔性感的背景音乐都非常有助于观众的停留,提高视频的完播率,甚至还能吸引观众重复观看视频。

（2）文案的专业性

文案内容拒绝同质化,要体现差异化。这不仅仅要从选题、台词、画面、风格等方面做到不断的优化,精益求精,更要从专业化出发,让文案内容有干货,让用户有收获。毕竟每个人都愿意花更多时间去了解美好的、有意思的事物。

（3）充分利用热点

在化妆品短视频内容的创作中,只要是与热点相关的视频内容,都非常容易吸引到大家的眼球。对于达人来说,平时关注热门、深入挖掘热点是非常关键的环节,达人可以利用已经爆火的热点来进行内容的创作,也可以结合现有的话题创造出新的热点打造爆款,达到涨粉的目的。

关于化妆品的热点可以分为以下两种。第一种是符号热点,也就是可以预测的,比如开学季、毕业季、春节这样的重要节点衍生出的热点包括新生宿舍好物、学生党美妆好物、暑假防晒好物、春节瘦身指南等热点。第二种就是爆红热点,这种基本上不能够预测,只能随时关注时尚界、影视剧等动态新闻。这两种热点都是具有很强的时效性、话题性、传播性和影响性的。

4. 结尾

结尾通常较为简短。结尾可以提醒用户关注和点赞以及提供一定的福利。如果是剧情类短视频可以告诉用户故事还没结束,以制造悬念,提高用户黏性。

除此之外,化妆品的短视频文案内容和服装服饰品的文案有相似之处,因此可以参考服装服饰品文案的四大要素,对文案内容进行优化。

（四）复盘总结

复盘总结主要是在短视频发布两天之后,通过用户的浏览、点赞、分享、搜索等数据,对短视频文案的模板、人选和场景进行调整。

二、化妆品短视频文案模板

（一）大纲模板

化妆品的短视频文案的大纲模板比较简单直接,就是人设加场景。这里推荐一个大纲的模板,如图 5-2-1 所示。

图 5-2-1 大纲模板

(二)正文模板

根据大纲模板进行完善。

1.设定状况

设定状况也是交代短视频发生的前提，让用户先产生认同感，进入接收状态。如果是剧情类短视频可以介绍主角。例如图 5-2-2 的视频开头，短视频博主对自己的皮肤情况进行了介绍。

图 5-2-2 正文开头设定状况

2.发现问题

描述出现了一些冲突，导致原先稳定的状态被破坏，确定问题的类型。例如图 5-2-3 中，视频博主出现了严重的皮肤问题。

图 5-2-3 发现问题

3．设定问题

针对出现的问题，确定对主角而言最关键的解决方法和途径是什么。这里的问题，就是用户的期待与现实之间的差距。对于化妆品的功效可以分为这三类，恢复原状、提前预防和追求理想（更美）状态。这个短视频博主遇到的问题属于恢复原状。

4．克服障碍

针对前面设定的问题，描述如何解决的过程。这个内容就是短视频文案的核心。

针对上述提到的化妆品功效的三种问题类型，也有对应的解决方案。

（1）恢复原状的解决方案为：

掌握状况——即皮肤或者其他方面是如何变坏的？

应急处理——如何防止状况恶化

分析原因——为什么会坏掉

根本措施——知道原因后，如何做才能复原？怎么做可以保证不会再出现这个问题？

（2）提前预防的解决方案为：

假设不良状态（例如脱发或者衰老）——不希望事物以什么方式损坏

诱因分析——何种诱因导致损坏

预防策略——如何防止不良状态的发生，如果发生，如何将不良程度降到最低。

（3）追求理想的解决方案为：

产品的选择盘点——你有哪些需求以及哪些选择

选定理想——根据自身皮肤状况和经济条件选定目标

（三）结尾

结尾通常较为简短。结尾可以提醒用户关注和点赞以及提供一定的福利。如果是剧情类短视频可以告诉用户，故事还没完。

三、化妆品短视频文案写作误区

化妆品的短视频文案写作中，需要注意避免出现以下几点。

（一）非专业性

化妆品的短视频的文案内容是需要一定专业性才能完成的。如果文案内容出现了非专业性的描述或者技巧方法，会导致用户不信任，从而大量流失。

（二）违反法律

与其他品牌的产品进行对比时，要注意不要违反《广告法》和《反不正当竞争法》。

（三）不够真实

在文案内容中，需要尽量"证明给大家看"，要给出真正能让大家"相信"的东西。例如很多美白产品的对比效果都能明显看出来两个画面的光线完全不一样，这样子的对比很可能会弄巧成拙，让用户觉得短视频内容是虚假的，是后期制作造成的美白效果。

（四）忽视模特的作用

模特不管是对于视频的整体观感、产品的使用效果来说，还是对于视频的可信度来说，都是非常重要的。比如说，你的产品是双眼皮贴，那就不要选择双眼皮的模特；你的产品是面膜，那就要选择皮肤状态好的模特。

职业技能训练

1. 训练目标

（1）掌握化妆品短视频文案写作流程。

（2）掌握化妆品短视频文案写作大纲模板。

（3）掌握化妆品短视频文案写作正文模板。

（4）了解化妆品短视频文案写作误区。

2. 训练内容

（1）选一则化妆品短视频，分析其优缺点。

（2）为一款化妆品写一则短视频文案。

3. 训练评价

考核标准	考核内容	得分
化妆品短视频文案写作流程	明确需求、搜集资料、文案写作和复盘总结	30
化妆品短视频文案写作模板	大纲和正文	30
化妆品短视频文案写作误区	四大误区	20
化妆品短视频文案写作实操	写一则化妆品的短视频文案	20

任务三 化妆品短视频文案案例介绍

一、化妆品短视频的介绍

从 CC 数据发布的《2020 下半年美妆行业抖音 & 小红书营销报告》（2020 年 6 月 1 日—11 月 30 日）来看，在众多的美妆产品当中，口红在抖音短视频精致彩妆品类中的销量遥遥领先，面膜在抖音短视频美容护肤品类中，备受消费者的青睐。2020 年下半年，美妆护肤与精致彩妆在抖音短视频热销的占比之和为 20%，成为抖音短视频热销的第三名，仅低于食品饮料和日用百货这类生活必需品。从快手平台来看，在 2021 年 1—8 月，快手美妆兴趣月活跃用户增长 16.7%；快手电商美妆购买用户增长 40.6%，超过 2700 万，在美妆兴趣用户中的占比上升 1.3PP。如图 5-3-1 所示。

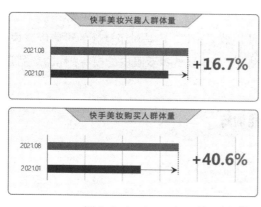
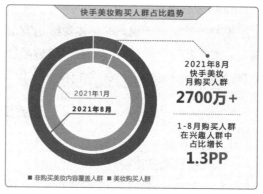

图 5-3-1　2021 年 1 月 -8 月快手平台美妆兴趣人群和购买人群情况

数据来源:《2021 快手美妆行业数据营销报告》。

化妆品短视频的数量和用户越来越多,但是也出现了短视频创意匮乏导致内容同质化严重的情况。如何才能做出优质的短视频,文案写作需要在明确消费者的多样化需求后,深入发掘用户需求进行文案内容创新是尤为重要的。这一个环节通过不断地向潜在用户传播有价值的信息,培养用户对短视频内容的忠诚度和信任感,呈现出短视频账号在行业领域的权威性和专业性,进而促进用户购买行为产生。

二、化妆品短视频的案例分析

化妆品短视频分类较多,这里选取两类案例进行文案分析。

(一)体验类短视频文案实例

1. 短视频账号介绍

这里介绍一个抖音知名美妆博主"骆××",抖音粉丝数超过 2000 万,曾连续四周位列"星图"种草榜榜首,单条视频最高带货超过 1300 万,如图 5-3-2 所示。据飞瓜数据显示,在 2021 年 9 月 8 日,抖音达人带货榜上"骆××"排名第三,销售额达到了 1197.4 万元。当时这款化妆刷在淘宝店的销量,一个季度也卖不到 100 万元。

图 5-3-2　"骆××"的抖音账号主页

曾经有商家不同意通过短视频带货的，但是后来看到"骆××"出了一版短视频文案对产品卖点的挖掘已经比他们自己团队的人还要深入了，所以就答应了。这条视频促成产品卖了将近 600 万元，最后用户无法下单，短期内由于单量暴增，导致全网暂时断货。"骆××"出色的带货能力在抖音斩获良好口碑。这版文案写得出色是靠着"骆××"在美妆方面的硬实力。他曾经是 2017 年全国 TOM FORD 柜台销量冠军。"骆××"不仅带货效率高，而且退货率极低，在抖音平台的退货率为 2‰。能做到这一点，一方面是严格选品，另一方面也说明"骆××"对于美妆产品，不仅有专业的美妆素养，还有严苛的标准和要求。

2. 短视频文案分析

（1）标题分析

"骆××"的短视频标题基本上与前文提到的化妆品短视频标题写作规范一致。其短视频标题简单明了、幽默风趣。例如在标题里面皮肤长油与大庆油田类比，如图 5-3-3 所示。更重要的是其标题还注意了与用户的交流。在标题里面加上"你问我答""再不会我就只能上门教了"这样的词语，体现了互动性。

图 5-3-3　"骆××"的短视频标题

（2）写作内容分析

对"骆××"而言，他本身就是一个追求完美的性格，对品质要求很高。所以"骆××"在短视频内容上的定位就是帮大家排雷、拔草。其短视频文案大概可以分为以下几种。第一，前期针对爆款产品进行实体店购买拍摄，试用，作出总结替粉丝拔草；第二，针对美妆问题作出专业的回答；第三，针对现下比较流行的传言进行真假鉴定；第四，帮助粉丝辨别美妆产品是否好用。

"骆××"的短视频非常有特点的地方在于不接受官方台词安排，只说真话。在当下的大潮流中逆向行走，标新立异，使得个人人设特点突出；坚持严格选品，只为真正的好产品发声。其文案内容中专业性知识较多,粉丝信任度高。如图 5-3-4 所示。

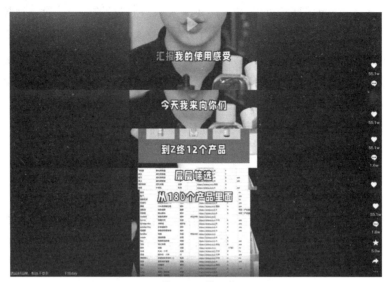

图 5-3-4 "骆 × ×"的短视频内容

3. 优秀短视频文案实例分享

下面以该账号发布的其中一期短视频作为案例分享如下(如图 5-3-5 所示)。

(1)视频时长

该视频时长为 2 分 21 秒。

(2)文案标题

复合酸出战,问题都逃散 # 小王好物 day

(3)拍摄地点

室内。

(4)短视频文案

图 5-3-5 体验类案例短视频正文

只要你是爱出油、爱长痘，爱长黑头、闭口还有痘印的，以上问题占个两项以上的，M（买）他。（产品展示）

某品牌的水杨酸面膜终于更新了。（产品特写）

我等这个 plus 版等了足足一年，我跟你们一样着急。真的，但是也能理解，因为新规过后，像这种产品光是做功效型测试，就做了半年。

总的来说，老版和 plus 版这两款都是解决皮肤问题的产品。

老版更针对出油多爱长痘的新手，浓度相对低一点。（产品对比梳理）那新版就是浓度更高，配方更好，能覆盖到的皮肤问题更加的全面，覆盖的肤质也更广，不可避免的就是它的刺激度更高了。因为他是在 2% 的水杨酸的基础之上，还加了 6% 的果酸，酸的浓度足足达到 8%。所以这只是猛的啊，不是那种可以随便用的。在使用方式上，我先介绍一个我自己最推荐的，也是我最常用的拔胡萝卜组合。搭配一款卸妆油以及清洁泥膜使用。一揉、二松、三拔。它在里面发挥的是松的作用。

……

最后还是要夸一下。因为我们和品牌方合作很久。对该品牌最大的印象就是这牌子很踏实啊！无论是在研发方面，做产品方面，还是定价方面。因为你看新版的定价也不过百，而且像他因为浓度升级了之后，你使用的频率又可以降低了，他用的时长更久了，所以算下来更划算了！

买吧，真的 M（买）吧。别说了，只要爱出油，买吧！

（二）植入类短视频文案实例

1. 短视频账号介绍

这里介绍一个抖音账号"柚××"，拥有粉丝 1000 多万，定位是美妆达人，虽然拍的是剧情短视频，但是剧情里经常出现于化妆拍品有关的情节。如图 5-3-6 所示。

图 5-3-6　"柚××"的抖音账号主页

2018 年 12 月 4 日，"柚××"发布了第一条抖音视频，10 秒左右的视频讲了一个简单的小段子——男生不要摸女生化了妆的脸，"我们当时没有想好要做一个什么样的账号，拍摄很随意，团队也只有 3 个人搭伙过日子"。

2019年1月27日，"柚××"发布了一条面试变装视频，获赞243万，也因此，"柚××"逐渐找到了适合的定位，在各种反转的剧情中，逐渐树立了"柚总"的形象。

"柚××"的专业是幼师，不过她特别喜欢美妆，经常自己研究彩妆产品、妆面、穿搭，还专门进修了美妆课程。根据"新抖"数据显示，"柚××"的抖音橱窗共上线过364个商品，涉及11个商品品类。据了解，"柚××"的一条口红推广视频点赞量超过200万，发布不到12小时内，成交额突破20万元。

2. 短视频文案分析

（1）短视频标题分析

"柚××"的短视频标题分为两种，一直就是完全按照剧情的内容进行创作的，另外一种是在剧情和化妆品结合在一起内容。

（2）短视频写作内容分析

"柚××"的短视频作品定位为一个"霸气御姐"的形象，所有的短视频作品都是关于"美妆"的剧情短视频。短视频中每一集都是一个小故事，故事取材于职场女生日常生活。剧情内容从生活、情感向以职场为主转变，树立了"柚总"这个形象。其主要的文案内容如表5-3-1所示。

表5-3-1 "柚××"的文案内容

短视频文案内容分类	文案内容
植入类	超土同事被欺负，帮助变装
	故意扮丑试探相亲对象
	亲情剧情
	霸道正义女总裁
	孝顺体贴的子女
感官类	化妆品变身
	化妆品产品推荐

总的来说，其短视频文案模板为前期放大年轻人遇到的问题，制造爽点。后面内容加上教育意义，稳固人设。每期短视频都是精品，人设不变，剧情多变不会造成观众审美疲劳。以一个固定的支点画圆，使得短视频内容丰富但有统一性。

3. 优秀短视频文案实例分享

下面以该账号发布的其中一期短视频作为案例分享（如图5-3-7所示）。

图 5-3-7　植入类案例短视频封面

（1）视频时长

该视频时长为 1 分 50 秒。

（2）文案标题

谁说美貌与事业不能并存 # 雅诗兰黛 DW 粉底液 # 上妆即定妆

（3）拍摄地点

公司办公室内（虚拟）。

（4）短视频文案

女配角 A：柚 ××，你真是太厉害了，才来一个月就拿了业绩第一！

女配角 B：对呀，都超过芳姐了。

芳姐：切~不就是个花瓶嘛！

柚 ××：都是多亏了大家的帮助。

芳姐：（扔文件袋）都没事儿干吗？公司可不养闲人！

柚 ××：芳姐……

芳姐：公司向来重视有才干的人，既然你业务能力强，那这几个大项目，就交给你了。好好做，我可是很看好你的。

柚 ××：好的。

女配角 B：柚 ××，你干嘛要接啊？这几个项目都烂在芳姐手里大半年了。我看呀，她就是嫉妒你业绩超过她，故意要你难堪。

柚 ××：没事儿。

女配角 B 照镜子，观察自己的皮肤。

柚 ××：怎么啦？

女配角 B：这几天为了赶项目天天熬夜，皮肤状态超差，一化妆就卡粉。我的黑眼圈连粉底液都盖不住了。哎,柚××,你手里不是也有很多项目吗? 为什么你皮肤看起来这么好?

柚××:因为我用了它呀! 某款持妆粉底液。油皮亲妈,上妆即定妆。黑眼圈、皮肤暗沉、出油爆痘,一抹磨皮级遮瑕。(产品展示)

女配角B:哇,这个粉底液也太好用吧。(产品特写)

芳姐:干嘛呢! 当这儿是自己家呀!

女配角B:芳姐,这不还没到上班时间吗? 这个粉底液超好用,你要试试吗?

芳姐:还有你! 给你的项目,你都做完了吗?

柚××:哦~(翻看文件夹)

芳姐:(冷笑)没有金刚钻就别揽瓷器活啊! 年轻人啊还是要多学着点~(被"柚××"打断)

柚××:做完了。

芳姐:(惊讶)不可能! 这项目我跟了大半年都没拿下来,你一个新人……

柚××:新人怎么了? 大半年都拿不下来,是你能力有问题吧? 阿姨!

芳姐:你叫谁阿姨呢?

柚××:看你脸上暗沉瑕疵,叫你阿姨都嫌小,花瓶也是要有本事才能当的。(得意离场)

职业技能训练

1. 训练目标

(1)了解化妆品短视频存在的问题。

(2)通过学习优秀化妆品短视频或者短视频账号,提升短视频文案写作的技巧和方法。

2. 训练内容

请在抖音平台上选择一个播放量在当前排名前五化妆品短视频,并说明其受到用户喜欢的原因。

3. 训练评价

考核标准	考核内容	得分
化妆品短视频存在的问题	内容、转化率	10
优秀的化妆品短视频介绍	创意和专业	20
案例分析	两种类型	50
实操训练	进行化妆品短视频文案的写作练习	20

项目六 手工艺品短视频文案写作

项目描述

　　好的短视频文案是引爆流量的关键，想要短视频火起来，就需要在文案上下功夫。那么，要如何才能写出爆款手工艺品短视频文案呢？本项目将通过三个学习任务，带领大家了解手工艺品短视频文案写作技巧。

学习目标

　　1.知识目标

　　（1）认识手工艺品短视频文案写作的要点。

　　（1）了解手工艺品短视频文案标题和内容的写作技巧和方法。

　　2.能力目标

　　（1）掌握手工艺品短视频文案的标题写作方法和技巧。

　　（2）在熟悉手工艺品短视频文案的写作技巧后，能够将其运用在实践中。

　　3.素质目标

　　（1）从手工艺品短视频文案的写作学习中，了解手工艺品的特点及卖点，培养具自主意识、逻辑意识和创新能力的短视频文案写作人才。

　　（2）参与手工艺品的短视频文案写作，培养学生的营销意识、社会参与意识和操作意识。

任务一　手工艺品短视频文案的标题写作技巧

一、手工艺品短视频文案标题要求

（一）手工艺品的特点

1. 手工艺品的特点

手工艺品，俗称"民间手工艺品"，是指民间的劳动人民为适应生活需要和审美要求，就地取材，以手工生产为主的一种工艺美术品。手工艺品的品种繁多，如皮具、宋锦、竹编、草编、手工刺绣、蓝印花布、蜡染、手工木雕、油纸伞、泥塑、剪纸、服饰、民间玩具等。它们主要有以下几个特点。

（1）艺术性。手工艺品是传统工艺流传至今，是无数代手工艺人在继承中不断寻求对工艺的传承、创新的成功，因此具有奇特的艺术性。

（2）个性化和非量产。手工艺品是由手工劳动制作工艺品及相关产品，是创造性的手工劳动和因材施艺的个性化制作，具有工业化生产不能替代的特性。因此，手工艺品都无法做到量产。

（3）使用性。手工艺品来源于人们的日常生活，不仅仅是博物馆里的陈列品，还是大众的、可接触到的、生活中的日用品。

（4）文化地域性。手工艺品特别是传统手工艺具有很强的文化和地域性，不同区域的传统手工艺在文化特色、传递与表达方式以及文化交流语境等方面存在显著性差异。

随着短视频平台所展现出强大传播力与影响力，不少传统文化选择与数字媒体结合，期望借助短视频赋能，借助自身丰富的文化资源与强大生产能力，开拓适应时代发展与受众需要的文化传播新渠道。手工艺品短视频正是传统文化与数字媒体的交融中所涌现出的典型代表。而抖音是目前最受网民欢迎的手工艺短视频平台，超5000名手工艺人每天在抖音售卖作品。

用户通过观看手工艺品短视频可以了解手工艺品的制作过程，欣赏实用又具有美感的手工艺品，还能学习手工艺品的相关知识，弘扬并传承我国的传统手工工艺。

2. 手工艺品短视频文案标题的特点

目前网络上比较热门的手工艺品短视频文案内容主要有以下三个方面：

（1）手工艺品科普类

这类短视频文案内容主要是进行手工艺品制作工艺和成品的功能讲解，如何选购手工艺品等。这类短视频内容主要是进行信息输出，其标题主要从让用户能立刻知道视频的内容的角度出发。例如"如何选购紫砂壶？""聊一聊印章的临摹与篆刻""油纸伞如何收伞？此收伞非彼收伞。""你知道为什么做包要用牛皮不用猪皮吗？"。另外，在标题里面还可以加上手工艺品名称或与之有关的词语作为标签，例如"手工艺品""非遗""手工"等，如图6-1-1所示。

图 6-1-1　手工艺品科普类短视频标题实例

（2）手工艺品展示类

这类短视频文案内容主要是展示手艺人具体详细的工艺制作过程或者对手工艺品成品的展示。在目前已有的短视频中，这类短视频又分为客观记录传统工艺制作场景、通过编排戏剧性、情景化小故事的方式展示以及一边口播一边展示制作手工艺品的过程。

这类短视频内容主要是进行手工艺或手工艺品的展示，其标题内容和形式多样，有些是直接点题。例如"给女儿做的旅行包？你支持手艺人吗？""这些银手镯的款式你可有见过？""有人喜欢这款彼岸花皮雕包包吗？"。有些则因为剧情可能有不同的表达内容。例如油纸伞的成品展示标题"春天到了，可愿与我一同踏春？"。银饰制作过程的标题"故事挺长，却也引人入胜，还是别听了，容易失眠"。篆刻过程的标题"听这声音挺解压的吧！"。如图 6-1-2 所示。

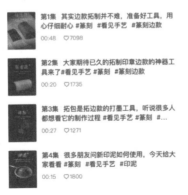

图 6-1-2　手工艺品展示类短视频标题实例

（3）手工艺品植入类

这类视频通过拍摄日常生活 Vlog 和手工艺纪实短视频，在其中植入手工艺品，通过情感渲染，从而客观推荐。日常生活 Vlog 通过记录手艺人平日生活的点滴，其中的短视频或多或少涉及手工技艺制作过程，体现出手艺人明显的，深厚的日常生活气息。其标题也是非常生活化。例如"某制作陶瓷的小镇早晨的集市，能起来的应该都是超级喜欢陶瓷的人"。而手工艺纪实短视频其内容与传统工艺制作紧密相连，一是展示手艺人具体详细的工艺制作过程，二是手艺人对其制作的手工艺品的展示，全部以纪实为主，有些许"纪录片"的意味。这类短视频的标题主要根据具体的内容进行创作。例如"他仅靠折叠就可以把纸变成任何想要的东西，他就是折纸奇人小秦"。如图 6-1-3 所示。

图 6-1-3　手工艺品植入类短视频标题实例

（二）手工艺品短视频标题写作要求

手工艺品的短视频分类很多，在不同分类下的手工艺品短视频标题创作要点不一样。因此，标题主要是根据视频的内容进行创作，通用的标准就是简单直接明白。如果是专业性很强的科普视频就需要加上专业词汇，如果是使用分享类的短视频就需要使用日常口语化词语，尽量生活化。在标签使用上，根据短视频的内容进行添加，主要要突出手工艺品的名词、功能和特点。

二、手工艺品短视频文案标题模板

（一）强调价值

手工艺品的数量繁多，但是有一个共同点就是对很多人来说，手工艺品并不是生活必需品。所以，很多人可能只会观看手工艺品制作过程，并不会真的去学习，也可能只欣赏短视频内展示的精美手工艺品，而并不会去购买。所以在进行手艺品标题创作的时候一定要精准的解释其能带给用户的价值。

每种商品都有可以提供给用户的价值。在写手艺品短视频标题和内容的时候，需要拿着一把放大镜，用心观察产品，将其若干特性找出。例如，手工艺品容易被工业化的产品所替代，那么就需要找到不能被替代的特性。工业化生产的产品没有办法做到个性化，而手工艺产品可以个性化定制。那么在标题里面可以加上"个性化定制""独一无二"等词语。而有些手工艺品根本没有办法进行工业化，只能通过手工艺制作，但是制作周期又很长，那么就需要找到手艺品其他的特性来弥补这种不足。例如，陶瓷都是需要很长的制作周期，但是不到出窑的那一刻，根本不知道能不能烧制成功，等待的过程也是一种期待，这种期待会让用户获得感更为强烈。所以在标题的写作可以加上时间、情绪作为渲染。例如陶瓷的标题可以写为"怀着期望的一个月后，就拿到可以陪你一辈子，甚至可以传承子女的陶器，你愿意等吗？"

有些手工艺品甚至具有收藏价值，这些都可以在标题里面写出来，吸引用户。

（二）讲故事

在经济水平日益增长，人们生活的品质提高的今天，如何让生活过得有趣、有情调也是很多人追逐的目标。手工艺品很多都是小东西，却往往可以和一个人的品位、文化素养相联系。例如用一款高级石料做成的手写签名章和一个塑料制成的签名章给人的感觉是不同的，这两者的区别就可以写成一个故事。每一个手工艺品的背后可能都有一段独特的故事，这些故事虽小，却可以用来突出这些手艺品的独特性。我们可以用这样的思路为某个手工艺品做宣传。比如某个手工艺品出现在某个影视剧里，那么可以在标题里面加上这部影视剧的名字。某个款式手工艺品是根据用户的需要进行设计的，后面又有什么样感人的故事。

这些标题随手可得。例如"一个手工紫砂壶，如何帮他绝处逢生，摆脱困境"，"他不是救世主，如何用一门手艺带出50个徒弟"等等。

每个人都希望有偶然的好事发生在自己身上，也喜欢看到这样的故事情节。结合短视频的拍摄、利用故事情节释放手艺品或手工艺人的能量，吸引流量。

（三）写反差

在国家与社会提出尊重传统、文化自信的背景下，对手工艺品的重新定位也是顺应趋势。在进行手艺品短视频标题的写作中，可以思考手工艺品与现代产品的差异，通过反差来体现手工艺品的特点。这类模板就好比当全世界认定了某人某事不行，后来的结果却出人意料，让人既惊讶又痛快，就是俗称的"打脸"。这类标题可以写为"五大三粗，没想到，竟会篆刻！""以前做竹编都吃不起饭了，现在几万人跟他学手艺"。

从开始的时候不被看好或是被认定为不值得投资与关注，到结果出乎意料，让人刮目相看。这些都是源于成见与突破成见的反差。成见是固定的认识，有时候是误解，有时候是偏见，或者是僵化、一成不变地看待事物。成见人人皆有，突破成见也是每一个人心中的潜在渴求。如果手工艺品短视频的标题能够抓住人们心底的这种需求，用户便会主动关注。

这类视频的标题也是随手可得，"有个皮雕的手提包，还要什么爱马仕？""打了一把油纸伞，没想到被外国人围观""狮蛮宝带比LV腰带还贵一点不过分吧？"。

用反差的手法写标题，重点是突破成见。先站在用户角度思考人们对手工艺品的成见，想想会出现什么固有的看法，接着从成见中寻找突破，看看手工艺品可以如何突破成见。如此这般，反差点便会出来，这时标题也就写出来了。

三、手工艺品短视频标题写作误区

手工艺品短视频标题写作中要注意以下几点。

（一）当作生活必需品

手工艺品对用户来说并不是一种生活必需品，要与其他商品区别开来。在标题写作时往往需要通过情感、欣赏才艺的角度入手，才能吸引到用户观看。

（二）对产品功效描述不够精准

对手工艺品的特性要进行挖掘，对于产品的功效要尽量精准，不要使用一些模糊的词汇。

职业技能训练

1. 训练目标

（1）掌握手工艺品短视频标题写作技巧。

（2）了解手工艺品短视频标题写作的模板和写作误区。

2. 训练内容

（1）分析一个手工艺品短视频的标题符合上述哪些写作技巧。

（2）根据分析结果，思考有没有改进的空间。

3. 训练评价

考核标准	考核内容	得分
手工艺品的特点	四大特点	20
手工艺品短视频标题的特点	科普类、展示类和植入类	30
写作要求	简单和生活化、标签使用	10
写作模板	揭示利益、讲故事和写反差	30
写作误区	与其他商品区别，特性挖掘	10

任务二　手工艺品短视频文案写作技巧

一、手工艺品短视频文案写作流程

手工艺品短视频文案的写作需要进行以下几方面的工作。

（一）明确需求

在进行文案创作之前，需要先明确该手工艺品的特点，针对目标客户群，再进行手工艺品的文案创作。

（二）搜集资料

手工艺品短视频文案写作，需要了解以下的信息。

1. 产品信息

写文案之前，需要了解所写的手工艺品是什么，具有什么独特性。不同类目，其产品的种类和功能还有细分。例如竹编可以做家具也可以做厨具，不同的产品需要的工艺不同，耗费的时间也不同，因此价值就不同了。

2. 用户画像

写文案之前需要知道该产品的用户群体特征，例如年龄、性别、经济状况和价值观等。例如篆刻的用户可能大多是中老年男性。而油纸伞的用户则基本是女性，分布在各个年龄阶层。

3. 社会文化

社会、文化的思潮是否与该产品之间存在关系。例如在文化和旅游部等部门联合制定了《中国传统工艺振兴计划》后，手工艺品得到了更多关注与宣传，用户的需求也增加了。

4. 传播信息

该文案需要传递什么信息。

5. 对人们的行为影响

通过文案的影响，希望人们做什么？是需要了解这门手工艺还是需要增加购买率？如果需要增加购买率，需要知道什么时候购买，为何购买。

6. 方案的预算

短视频的文案与短视频的拍摄时长密切相关，因此需要根据文案的内容，预估短视频拍摄的成本支出。

（三）文案写作

手工艺品短视频文案的写作除了标题的写作，主要有以下几个方面的内容。

1. 写大纲

一般来说，写文案之前需要先写大纲，这样可以保证思路清晰，逻辑顺畅。手工艺品文案大纲的目标是需要清晰人设，并明确产品功效及带给用户的价值。

2. 场景选择

短视频根据传统手工艺在不同的应用空间搭建与之匹配的文化场景。特别是与传统电视综艺相比，短视频能够让受众与传统手工艺现场建立联系，通过时长的限制来调整信息的密度、增加特写镜头，融合情绪性的音乐和使用短小精悍的叙事结构，快速将用户带入营造的文化场景空间，使用户产生与此项手工艺之间存在"零距离"之感，近距离感受传统手工艺的文化魅力，同时以感觉、直觉、移情、意会等方式对受众进行相关知识传播与传统文化观念的输送,激发观看者的内心情感变化,使其获得更加丰富的身心体验,加深对传统文化的印象。

传统手工艺类短视频的场景选择需要满足以下要求:一是见人、见物、见生活。短视频不仅仅要展现传统手工艺项目和传承人群,还要呈现出传统手工艺元素在空间环境和社交场合中的日常应用,如在公共空间的布局,融入手工艺元素,唤起人们共同民族记忆。二是活态化。真实还原和呈现传统手工艺在城市、乡村各自不同的生存环境,随时代变迁的过程以及其中所蕴含的原汁原味的或者发生创造性转化的深厚文化。

3. 写正文

正文基本上就按照大纲来写,但是手工艺品的短视频文案需要注意以下几个方面。

(1)文案的独特性

每一种手工艺品都有其独特性,因此文案也体验其他的独特性。包括场景、产品特点、背景音乐都需要从每种手工艺品和短视频的内容出发进行专门的设定。

(2)充分利用热点

在手工艺品短视频内容的创作中,只要是与热点相关的视频内容,都非常容易吸引到大家的眼球。有很多手工艺品都是偏冷门的,只有关注热门、利用已经爆火的热点来进行内容的创作才能让产品得到最大限度的曝光,吸引用户,达到涨粉的目的。

(3)流量变现

大量的手工艺品短视频都存在播放量很大,但是购买转化率很低的情况出现。那么可以考虑跟其他流量明星进行合作,借用他者的流量为手工艺品短视频带来关注。另外,在文案写作上提高质量,从内容和情感上下功夫,驱动用户对传统手工艺的欣赏与喜爱,以此加强用户的黏性,进而再促进消费,让商业变现和内容传播形成良性循环。

4. 结尾

结尾通常较为简短。结尾可以提醒用户关注和点赞以及提供一定的福利。

(四)复盘总结

复盘总结主要是在短视频发布两天之后,通过用户的浏览、点赞、分享、搜索等数据,对短视频文案的模板、人选和场景进行调整。

二、手工艺品短视频文案模板

(一)大纲模板

手工艺品的短视频文案的大纲模板比较简单直接,就是人设加场景。

大致模板为:给出场景(人物出场)—解决问题(产品介绍或者展示)—推荐产品。例如介绍陶瓷制作过程的文案,大纲可以写成:人物出现→展示制作过程和使用工具→展示成品及购买渠道和价格。

(二)场景模板

短视频的视频场景主要聚焦于手工艺者的家中、传统手工作坊、手工小店和街头。这些地方常常具有浓厚的文化气息，使神秘和小众的手工艺更加的亲民化、生活化，让观众能零距离感受传统手工艺的魅力。

（三）正文模板

手工艺品短视频的正文部分可以参考图 6-2-1 的文案模板。

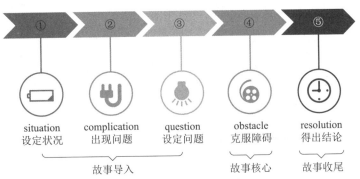

图 6-2-1　正文文案模板

1. 设定状况

设定状况也是交代短视频发生的前提，让用户先产生认同感，进入接收状态。如果是展示类有剧情的短视频可以介绍主角。例如图 6-2-2 中出现三人：一位老年人、一位女性和一位小孩，同时明确三人之间的关系。

图 6-2-2　正文开头

2. 发现问题

描述出现了一些冲突，导致原先稳定的状态被破坏，确定问题的类型。例如图 6-2-3 中出现了孩子尿床的问题。

图 6-2-3　发现问题

3. 设定问题

针对出现的问题，确定对主角而言需要解决的方法和途径是什么。这里的问题，就是用户的期待与事实之间的差距。在这个短视频中，博主需要通过制作手工艺品来解决这个问题。如图 6-2-4 所示。

图 6-2-4　设定问题

4. 克服障碍

针对前面设定的问题，描述如何解决的过程。这个内容就是该手工艺品短视频文案的核心，即手工艺品制作过程。如图 6-2-5 所示。

图 6-2-5　克服障碍

5. 结尾

结尾通常较为简短。结尾可以提醒用户关注和点赞以及提供一定的福利。如果是连续剧情类可以告诉用户,故事还没完。如图 6-2-6 所示。

图 6-2-6　视频结尾

三、手工艺品短视频文案写作误区

手工艺品的短视频文案写作中,需要注意避免出现以下几种误区。

(一)主题定位不准确

部分传统手工艺要花费大量时间和经历繁杂的工序,有时候光是准备工作就有几十道复杂的工序。然而短视频的时长有限,对于内容需要去繁取简,让主题鲜明,而不是简单将这些过程演示出来。

（二）缺少文化内涵

传统工艺传承至今已有成百上千年的历史。因此，手工艺品的短视频需要有文化内涵的表达，而不能一味附和"短平快"的节奏，将手工艺品的制作过程进行加速和剪辑。这种忽视主题精神表达的做法不仅破坏了用户对手艺品的心理期待和观感，还削弱了用户对传统工艺的文化价值感知，使传播效果大打折扣。

职业技能训练

1. 训练目标

（1）掌握手工艺品短视频文案写作流程。

（2）掌握手工艺品短视频文案写作大纲模板。

（3）掌握手工艺品短视频文案写作正文模板。

（4）了解手工艺品短视频文案写作误区。

2. 训练内容

（1）选一则手工艺品短视频，分析其优缺点。

（2）为一款手工艺品写一则短视频文案。

3. 训练评价

考核标准	考核内容	得分
手工艺品短视频文案写作流程	明确需求、搜集资料、文案写作和复盘总结	30
手工艺品短视频文案写作模板	大纲、场景和正文	30
手工艺品短视频文案写作误区	二大误区	20
手工艺品短视频文案写作实操	写一则手工艺品短视频文案	20

任务三 手工艺品短视频文案案例介绍

一、手工艺品短视频的介绍

在国家层面，政策从未停止对传统工艺传承与保护的探索。早在十年前，国务院就正式发布《中华人民共和国非物质文化遗产法》。在 2017 年 3 月，由文化部、工信部、财政部共同制定的《中国传统工艺振兴计划》正式出台，但社会关注度的欠缺、固守成规的保护思想、帮扶资金的匮乏使得传统工艺文化保护和传承都面临不同程度的流失现象。短视频的蓬勃发展，让渐进式微的传统工艺文化传播有了新的拓展阵地。当传统、认真严肃的传统工艺短视频以一种更快、更抖、更有趣的全新面貌触达受众时，曾经在原有圈层内传播的传统工艺文化，已经走上了与时俱进的互联网传播之路。

与此同时，短视频平台也加大对手工艺品短视频的重视程度，让传统手工艺在平台的传播，并辅以系列扶持手段，助其扩大影响力。例如，在2019年4月，抖音平台推出寻找"非遗合伙人"计划，号召传统工艺从业者、传承者用抖音记录和传播传统工艺。让非遗被更多人看见的同时，也为非遗传承人带来更多机会。该计划在一年内帮助了五位传承人实现年收入超百万元，40多位非遗创作者赢得了百万粉丝。2020年10月抖音再次推出"看见手艺计划"，旨在帮助超千名手艺人实现年收入破百万，在传承传统工艺的同时，也为手工艺人创造更多收入。抖音方面表示希望招募传统工艺名家，更希望惠及那些默默坚持，此前没有受到关注的民间手艺人。与此同时，平台还将为加入计划的手艺人提供资源流量扶持、官方运营指导、优享变现资源、专属营销活动等系列扶持，以"新消费"带动"老手艺"，全方位助力非遗传播。

在短视频平台对手艺品短视频的帮扶中，该类短视频的数量和关注用户也在不断增加。据统计，在快手短视频平台，有超1500万个非遗内容创作者生产非遗相关内容的视频。在抖音平台，截至2021年6月10日，国家级非遗项目相关视频数量超1.4亿。2021年抖音大数据中显示，与手工艺品密切相关的非遗项目（1557个国家级非遗项目）在抖音覆盖率达到了99.42%，相关视频数量同比增长达到了149%，累计播放量同比增长83%。而通过抖音电商获得收入的手艺人同比增长61%。

不过手工艺品短视频也存在很多问题。大多数短视频的爆发期与平台提供的活动有关，过了活动期，则后续乏力。很多手工艺人没有专门的团队进行视频拍摄指导，会出现短视频创意匮乏，内容简单，导致没人观看的困境。由此看来短视频的文案写作是非常重要的一环。手工艺品短视频需要在这一个环节不断地向潜在用户传播有价值的信息，培养用户对短视频内容的忠诚度和信任感，呈现出短视频账号在行业领域的权威性和专业性，进而促进用户购买行为产生。

二、手工艺品短视频的案例分析

手工艺品种类繁多，根据文案内容分类，其短视频也有三大分类。这里选取两类案例进行文案分析。

（一）科普类短视频文案实例

1.短视频账号介绍

这里介绍一个做皮雕的抖音账号，该抖音账号是由宁夏银川市非物质文化遗产项目"乔家手工皮艺"传承人"乔师傅"建立的，如图6-3-1所示。2019年初，"乔师傅"在抖音平台注册了一个账号，用来记录自己制作皮具的过程。账号起初反响平平，收益几乎可以忽略不计。直到2019年抖音推出"非遗合伙人"计划后，"乔师傅"申请了这个项目。连她自己都没有想到，祖传了几代的手艺居然会因为一个互联网合作项目而焕发出新的生命力。此后她开始在抖音、快手等短视频平台发布作品，2020 年初，开始直播带货，最高一场卖出 45 万元的手工制品，被抖音官方头版头条推荐。

图 6-3-1 "乔师傅"的抖音账号主页

2. 短视频文案分析

（1）标题分析

"乔师傅"的短视频标题普遍字数较多，内容丰富。不过有些标题就显得不够简洁明了，仍有改进的空间。如图 6-3-2 所示。

图 6-3-2 "乔师傅"的短视频标题

（2）写作内容分析

"乔师傅"的抖音账号在初期几乎没什么人关注。后来与专业的传统文化 MCN 机构合作后,其短视频的质量发生了变化,文案内容更为专业和高质量。随之聚集了大量口碑良好的粉丝。其文案内容有以下三个方面的特点。第一,文化特点。大部分手工艺人所创造的手工艺品具有人文属性,具有一定的文化特质。而小乔的短视频天然具有这样的特点。第二,美学特点。小乔的作品风格受到多元影响,形成了中西结合的风格,而唐草纹系列、高级定制系列也与当下年轻的审美格调相吻合。在手工艺品的短视频中,比起其他方面的内容,外在表现更容易在第一秒就获取用户的好感。外表吸引力型的内容,用户往往在第一时间就愿意点赞,反复观看的意愿更高,评论互动的动力也更强。颜值高、具有高级感的创意设计容易让人产生兴趣转发。第三,内容驱动。小乔团队不断学习和创新,将手艺和传承故事有机结合,使用户通过观看短视频了解商品的功能和功效后,能得到更多的价值体验。其场景选择一般都是在室内的工作室,让人感觉专业并值得信赖。如图 6-3-3 所示。

图 6-3-3 "乔师傅"的短视频内容

3. 优秀短视频文案实例分享

下面以该账号发布的其中一期短视频作为案例分享如下(如图 6-3-4 所示)。

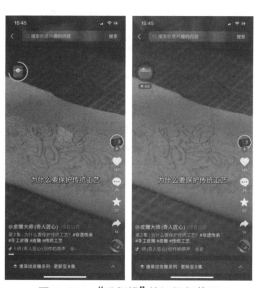

图 6-3-4 "乔师傅"的短视频截图

（1）视频时长

该视频时长为 2 分 30 秒。

（2）文案标题

为什么要保护传统工艺？＃非遗传承＃手工皮雕＃皮雕＃传统工艺

（3）拍摄地点

室内工作室。

（4）短视频文案

我是宁夏非遗乔家手工皮艺传承人小乔。相信大家对皮制品一定非常熟悉，平时穿的皮衣啊，皮鞋，原材料都少不了皮。但是对于皮雕技艺就未必了解了。作为皮艺技艺的非遗传承人，今天小乔就给大家介绍一下什么是皮雕技艺。

皮雕是非常小众的一门手艺。它是一种以皮革为雕刻材料，跳跃在刀尖上的雕刻工艺。它的线条流畅，立体感非常强，色彩柔和，具有强烈的视觉冲击力和浓厚的文化韵味。一般雕刻的最多的是植物图案啊，像唐草纹。此外，还有雕刻，绘画，具体人物或者是动物，这种我们也称为人物、动物皮雕。最初制作皮雕仅靠雕刻刀和压擦器，后来出现了各式各样的印花工具，这些也大大扩展了作品的可能性。

皮雕的艺术源远流长，有两条主线。其中一条最早是由欧洲传到美洲，兴盛于美国西部牛仔之中，主要是用于装饰马鞍等马具。二战以后，皮雕工艺被美军带到了日本。在日本，逐渐得到广泛的推广。后来，这项技艺从日本传到了我国。那另外一条就是在我国商朝的时候，军人就在软甲上进行皮革雕刻。现在，这两条线汇聚于我国，就展现出我们自己独特的皮雕艺术。把一张简单的牛皮，最终被雕刻出令人惊艳的图案，这需要匠人精心雕琢和长期坚守。

根据作品的大小和工艺，制作一件皮雕作品通常费时一周到一个月不等。首先是选材，一般选用质地细密、坚韧不易变形的天然皮革。其次，用刻刀和印花工具在皮革上刻刀线，用皮雕锤敲边，然后塑形、染色。最后要经过组合、缝线、磨边、抛光等工序。在这一过程中，艺人不能分心走神，要用一颗匠心，精心雕琢，才能完成一件精美绝伦的作品。

（二）植入类短视频文案实例

1. 短视频账号介绍

这里介绍一个抖音账号"××瓷活工作室"，该团队成员基本上都是景德镇陶瓷大学（以下简称"陶大"）的学生，这个抖音账号主要展示出镜人员"周××"在陶大的生活体验短视频，如图 6-3-5 所示。

图 6-3-5　"××瓷活工作室"抖音主页

2020 年 5 月 17 日晚,周 ×× 发了条视频,吐槽作为一个陶大学生最常见的苦恼。在集市上蹲守一整天,一件作品都没有卖出,晚上还要把瓷器原封不动搬回学校。视频发出一天,播放量突破了 135 万,被抖音网友点赞 2.5 万次。小周的视频让很多网友第一次知道某制作陶瓷的小镇还有个陶瓷大学,更多网友被这位乐于自嘲的可爱大学生打动,直接鼓励她在抖音直播卖自己的作品。"原来陶大就是专门做陶瓷的吗?""我去某制作陶瓷的小镇就喜欢买学生做的,创意无价""开线上小店吧!我想买你的作品"。随后 6 月,小周误打误撞参加了抖音江西分公司举办的企业入驻抖音小店直播大赛。6 天的直播里,她卖光了自己工作室里积存的所有作品,还帮同学推销了不少。小周觉得,在抖音做直播是传统手工艺从线下到线上转型的一次机遇。年轻的手艺人需要更多展示自己的机会,而抖音正为此提供了平台。2020 年 10 月 23 日,她还参加抖音在某制作陶瓷的小镇举办"看见手艺"手艺人计划活动。一年后,小周和其男友创办的"××瓷活工作室"销售额突破了 100 万元,对他们来说,这是非常满意的数据。

2. 短视频文案分析

(1)短视频标题分析

"××瓷活工作室"的短视频标题分为两个部分,一个是每个短视频有专门的标题,是与短视频内容相关的。另外一个就是在每个短视频的封面写上"在 ×× 陶瓷大学上大学是一种什么样的体验"。如图 6-3-6 所示。

图 6-3-6　"××瓷活工作室"短视频标题

（2）短视频写作内容分析

"××瓷活工作室"的短视频作品以一位学生形象定位，每一集短视频都是大学日常生活的一个故事，比较特别的是这个大学是制作陶瓷的小镇瓷器大学，对很多用户来说都是很陌生的。这些小故事基本上都用诙谐的态度去谈论学业的艰苦，同时展示那些经过多重工序完成的瓷器成品。其场景选择一般都是在室内的工作室、校园环境和某制作陶瓷的小镇瓷器市场，接地气的生活场景拉近了与用户之间的距离。如图6-3-7所示。

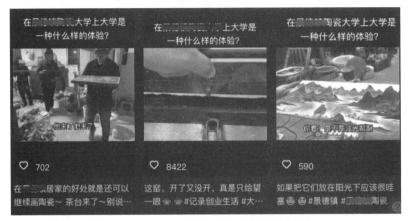

图6-3-7　××瓷活工作室的短视频内容

总的来说，其短视频文案模板为大学生读书遇到的问题，制造共情和好奇点。然后内容加上学习的内容和过程，最后展示一些陶瓷的成品，使得短视频内容丰富但有统一性。

3. 优秀短视频文案实例分享

下面以该账号发布的其中一期短视频作为案例分享如下（如图6-3-8所示）。

图6-3-8　植入类案例短视频截图

（1）视频时长

该视频时长为30秒。

（2）文案标题

毕设真的贵，学姐我都不忍心接了，再接两套就不接了哈哈＃看见手艺＃大学生活＃某制作陶瓷的小镇

（3）拍摄地点

室内工作室。

（4）短视频文案

在陶大上大学是什么样的体验？又到了学弟学妹做毕业设计的时候了。毕业设计真的好费钱。因为第一你做一套方案，你就要想个五六套方案。每一套方案去尝试，这样的话才有可能烧出一个成品。

要成功烧制一个毕业设计成品是特别不容易的。不管是指耗费的精力，还是指时间金钱。少则一两万，而且时间周期会特别长。每年的这个时候，我们就开始画设计图，然后准备毕设的东西，然后明年六月份能够烧制出一套完整的毕业设计成品就特别万幸了。

……

职业技能训练

1. 训练目标

（1）了解手工艺品短视频存在的问题。

（2）通过学习优秀手工艺品短视频或者短视频账号，提升短视频文案写作的技巧和方法。

2. 训练内容

（1）阅读两则短视频文案案例，说明其受到用户喜欢的原因。

（2）根据两则短视频文案案例，提出可以改进的地方并说明原因。

3. 训练评价

考核标准	考核内容	得分
手工艺品短视频存在的问题	内容、转化率	10
优秀的手工艺品短视频介绍	小众、新奇和政策的帮扶	20
案例分析	两种类型	50
实操训练	进行手工艺品短视频文案的写作练习	20

项目七 短视频文案优秀案例分析

项目描述

要想创作出一篇优秀的短视频文案除了需要通过学习前文的写作方法，勤加训练以外，还可以通过学习和借鉴优秀的短视频文案的内在逻辑，进一步掌握写作的技巧。本项目将通过两个学习任务，与大家一起分享优秀短视频文案案例。

学习目标

1. 知识目标

（1）了解优秀短视频文案案例学习的方法。

（2）巩固短视频文案写作的相关基础知识、技巧和方法。

2. 能力目标

能够将所学到的知识运用到短视频文案的创作中。

3. 素质目标

（1）培养学生成为具自主意识和创新能力的短视频文案写作人才。

（2）培养学生的营销意识、独立思考的意识和理论联系实际的能力。

任务一 优秀短视频文案学习方法

优秀的文案案例可以是不同类型的，却都是经过艰辛的思考而获得的果实。这种思考过程纵然看起来灵光一现，无规律可循，但文案写作人也试图通过一点一点地努力找到这倏尔灵感下的恒久法则，即使无法达到，也在不断接近。

一、文案的审美反思

拿到一则案例，要能够根据理论和实践来判断这则文案的优劣与价值。一方面，文案的优劣来源于市场的检验，因为市场始终是最好的检验者；另一方面，需要不断总结优秀广告文案的共通之处，为后续的创作者提供可借鉴经验。

对于文案标准，有多种多样的论述，有的基于广告文案写作过程的每一个环节提出，有的基于广告结构的每一个组成部分提出,有的是直接通过广告投放后的各种测试数据得出结论。

文案要遵循"信、达、雅"的准则。具体而言:"信"即可信度,要忠实于商品、忠实于受众。所谓忠实于商品,是广告文案所描述的情形要与商品性能符合,不可夸大其词误导受众;所谓忠实于受众,即要本着为受众负责的专业态度来进行创作,不可为了经济利益而抛开受众利益。"达"即要收到良好的传播效果,要求一方面要恰当的选择发布平台,另一方面要恰当地运用写作技巧,通过各方的综合因素来达到说服受众的效果。"雅"即要符合受众的审美标准,写作文案的最高标准即是要做到广告效果与社会效果兼具,让读者在买到自己心仪商品和服务的同时,也感受到文化和美的熏陶。

二、文案的鉴赏方法

一则成功广告作品必然是符合市面上列出的各种标准,也必然是契合于最初的广告战略、策略。了解一则案例,先要了解其创作背景、所属企业和所服务产品的特征以及同类竞争者的相关信息,同时要学会通过一则文案衍生出类似行业的或者同一品牌不同时期的案例,观察其措辞的变化、卖点的不同。比如"台湾××百货",在网络上都能收集到其不同时期的案例全集,比如"××可乐"等老品牌,也可以看出其在产品的不同时期卖点的不同。总之对于案例,要学会举一反三,要能够达到在自己收集到的资料的基础上创作出一则不错的文案。

对于一则精品文案,其写作层面的特征也必然是突出的。在学习案例的时候,可以根据文案的目的、文案的分类和文案写作的流程等内容对文案的写作方法进行分析,观察其类别、结构、修辞、创意等,并分点列出,建立自己的案例方法库,运用自己熟悉的语言进行总结。通过这样不断积累,会实现理论和实践的双跃升。

除了写作技巧方面的内容,还需要学习案例的审美价值。美在社会、自然、艺术和科学等不同领域是普遍存在的,多样的,广告文案是广告的艺术,挖掘出其中的不同状态、面貌和特征,是我们进行案例分析的一个任务。从美学理论看,美的表现形态最基本的范畴有:优美、崇高、悲剧、喜剧、幽默这些突出的种类。比如杜康美酒的广告,引用了杜康造酒醉刘伶的神话故事,轻松活泼又有深意。当然,再向深处寻去,还有关乎文化、哲学的对比等更为深入的层面,这样理解案例也需要一个更为深厚的知识体系,是一个理论与实践螺旋式上升的过程。

三、文案的真实性

近几十年,广告业在我国有了突飞猛进的发展,纷繁复杂的文案中也存在着不少不规范的现象。真实性作为广告文案的基本原则之一其底线也在现实中被不断挑战,比如奢侈品,为广告的中下层民众创造了一个步入上流社会的梦,不惜大量的传媒、人力资源投入,力求打造高端品位,但不少的宣传已经偏离其真实性,却被不明真相的消费者所推崇,消费者的利益直接受到损害。

目前来说对消费者利益损害最为严重的莫过于虚假广告，商家不肯精益求精地追求产品质量，仅仅利用广告来做文章，也是部分广告创作者见利忘义、违背职业道德的结果。虚假广告不符合客观事物的真，也不符合公众需要目的的善，违反了科学性。对消费者精神层面损害最为严重的莫过于"三俗"广告，比如以赤裸裸的送礼、色情等为幌子谋取消费者的注意力，这是十分恶劣的竞争手段，也不利于广告行业的可持续发展。本质上，最好的文案是产品。如果商家过分依赖包装而忽视了产品质量，那无异于饮鸩止渴，所以防治广告污染，提升文案品味势在必行。

国家的语言文字管理部门也在逐步加大管理力度，制定相应的法规，规范广告用字。除了法律的保障，畅通消费者监督渠道和加强广告行业的自我管理能力也是重要的措施。广告文案创作者也要严守真实性原则的底线，这才是文案能够繁荣发展的长久之道。

四、文案的中外对比

中西方广告文案的差异从发展的角度来看，与商品经济市场的发展有根本性的关系，同时也受到科技媒介和受众文化程度等多因素的影响。

中国传统文化主要表现在：一是尚勤俭，重诚信。勤俭、诚信一直是中华民族的传统美德，很多企业都把诚信作为自己的立身之本，更作为广告的核心价值观念。二是尚孝悌，重礼仪。儒家文化中孝悌的道德标准一直占据十分重要的地位，比如某凉茶的广告文案"老吾老以及人之老"便是此种体现。三是尚家庭，重乡情。中国传统文化历来看重家庭和家族，家的观念和家园的观念根深蒂固，比如说早年的孔府家酒广告。四是尚民俗，重文明。民俗是一种文化现象，有地域特色，也凝集了大家共同的记忆，比如南方黑芝麻糊广告，以经典制作技艺切入，结合乡情、孝道等，使得广告取得很好的效果。

西方比较注重幽默，而且不同的民族在喜剧审美历史中逐步形成对某种内容和形式的特殊爱好，体现出不同民族的特殊性。中国人对幽默的表达可能更为含蓄，特别是一些敏感话题，而西方人可能更为直白、大胆、夸张。中西方使用的不同语言也决定了其差异性。我国广告文案使用汉语是历史悠久稳定的语言，有多义词、反义词、同义词等大量存在，而且结合对联、诗歌等传统表达形式，使得中国文案具有独特的感染力和魅力。

五、文案与人文关怀

人文关怀，是我国文化基本精神的重要内容，它的核心是以人为本，广告的人文关怀，就是在广告中尊重人的价值，为消费者构建一个愉悦的消费空间，让物质与精神合二为一成为一种美好和永恒。作为广告信息主要载体的文案，其创作的目的不仅在于满足受众对商品的信息需求，同时，要满足受众精神层面的需求，在人文关怀的视角下进行广告文案创作。广告文案的人文关怀，并不是对传统观念的简单代替和颠覆。而是对传统广告理念的丰富和发展，是对"销售主义"广告理念的改进和超越。这不仅是广告文案的需要，是广告业健康发展的需要，也是整个学科地位构建的需要。

文案的人文关怀表现在很多方面，比如通过文案传递审美价值，比如广告文案的真实性等都囊括其中。具体来说是转向对人的关注，广告的最终目的是打动消费者，所以无论是在形式的选择上，还是在内容的描述上，都应该尽可能地贴近生活、贴近实际、贴近受众，这也是一个艺术形式能够得以长久流传的法则。相较于前些年一味地靠明星打响知名度的一些策略，如今文案写作已经逐步通过生活细节、细腻的情感体验、潜移默化的叙述方式来影响受众。在前些年有很多品牌得益于名人效应，但也终究因为品质和其他方面的原因销声匿迹，比如台湾某歌手代言过的德尔惠运动品牌，某女明星代言过的优资莱化妆品牌等等。

从长远看，广告文案应在广告形象代言方面更加贴近广告受众，创作的选材应侧重于目标受众的生存状态。文案运用故事更真实地反映目标受众的生活，将创作的目光放在消费者生活过程中观察他们的生活，讲述他们的故事。通过文案表达对人性的理解，对人性诉求的关怀，对人群多样性的认识。

职业技能训练

1. 训练目标

了解文案案例学习的方法。

2. 训练内容

根据文案案例学习的方法，加强对优秀文案的学习。

3. 训练评价

考核标准	考核内容	得分
文案案例学习的方法	五种方法	50
优秀文案案例学习	说出哪些地方优秀	50

任务二 优秀短视频案例分享

从广告的角度来看，短视频较为集中于社交短视频平台如抖音、快手、微视等短视频之中，这些社交短视频平台传播速度快、受众范围广、互动性强，普通个体拍摄投放短视频的成本低。基于这类短视频平台的属性因素，短视频的玩法类型也更具多样性，这里将短视频按文案内容简单分类为直观展示类、引发参与类、戏剧冲突类三种主要的表现形式。

一、直观展示类短视频案例

（一）直观展示类短视频的介绍

直观展示类短视频是指短视频内容制作者直接将某一种产品或者服务以观察者的视角

直观地展示在镜头前,以期受众能够通过其亲身的体验产生购买欲的一种短视频类型。

短视频平台上有关于这种类型的短视频如测评类、开箱类短视频都最为注重的是一种真实感,内容制作者将自己的使用体验清晰地传达给受众,在同时对比多个商品的过程中,传达最准确的商品或服务信息,甚至在进行测评展示的过程中能够将商品的缺点也一同传递给受众,最大程度地保障受众的知情权。

直观展示类短视频对于受众注意力的掌控并不是很强,但在商业价值的评估上,这类短视频依然存在可以挖掘利用的价值,例如如今较为火爆的直播带货形式实际上可以说是这种直观展示的另一维度的拓展。

(二)直观展示类短视频的案例分析

近年来,伴随着科技的不断进步,自媒体时代的步伐已经悄然来临,短视频也借此机会大量涌入大众的眼帘。2016 年 9 月抖音短视频平台正式上线,在短短两年时间实现了大量的用户积累,成功获得了社会与市场的广泛影响力,成为短视频行业的领军人。在抖音平台中有大量的爆款内容的短视频,时长仅仅在短短 15~30 秒之间,就能够为受众提供丰富、有效的信息内容。因此在短视频传播效果的研究过程中,对抖音平台的聚焦极具代表性意义。

这里我们介绍某美妆博主"李 ××"测评类美妆短视频案例。

1. 案例背景介绍

由于短视频的不断更新与进步,垂直化传播已经成为其重要的发展趋势。因此,作为短视频细分领域中极具受众吸引力与商业营销能力的美妆短视频成为抖音平台的重点传播内容之一。美妆领域能够兼顾商业属性与内容属性,在短视频的垂直化发展中,具有极佳的商业表现力与内容呈现力。根据卡思数据 2019 年所发布的营销报告可以看出,美妆领域的短视频在商业投放领域中排名第一。在短视频受众规模逐步放缓的形势下,测评类美妆短视频仍然能够保持增速状态并稳居第一,可见测评类美妆短视频的垂直类目仍具有较大的发展空间。

美妆博主"李 ××"迅速地抓住了美妆短视频的风口,在抖音平台中不断发布美妆短视频,短短几年时间,成了短视频美妆细分门类的头号代表人物。美妆博主"李 ××"所发布的美妆类短视频极具个人特色,蕴含着丰富的个人情感,受到了大众的一致喜爱。截止 2022 年底,其抖音平台中的账号粉丝量高达 4000 余万,累计获得点赞量 3 亿多,其"口红一哥"的名号也被越来越多的受众所熟知。如图 7-2-1 所示。

图 7-2-1　美妆博主"李 ××"的抖音账户

据 2022 年 5 月新抖数据所发布的数据信息来看，美妆博主"李××"粉丝画像分析中可知，从受众人口统计学特征方面来看，女性粉丝居多，占总粉丝数量的 84.26%，在粉丝年龄方面，24-30 岁的粉丝数量居多，占总粉丝数量的 30.16%；从受众使用习惯来看，20 点为最常见的活跃时间，占比 8.36%，每周中的星期二为最常见的活跃日，占比 21.59%。如图 7-2-2 所示。

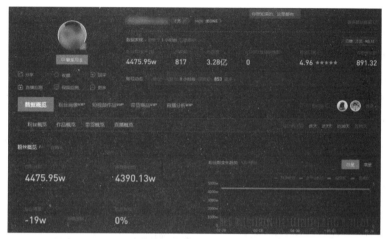

图 7-2-2　美妆博主"李××"短视频在新科数据中的统计情况

自媒体从最初的野蛮生长发展至今已经逐渐步入稳定与成熟，各个领域的 KOL 与网络红人进一步系统化、专业化，由此迎来了 MCN（多频道网络）行业的不断发展。2019 年 3 月 23 日克劳锐在《2019 中国 MCN 行业发展研究白皮书》，统计数据显示，2018 年，MCN 在中国的发展进入爆发阶段，截至 2018 年 12 月，MCN 数量已超过 5000 家，超三成被调研 MCN 的营收规模在 5000 万元以上，营收规模破亿的 MCN 数量占比高达 6%。MCN 一词最早源于美国，全称为 Muli-Channel Network，即内容生产者与平台之间的纽带。MCN 机构能够有效地将内容生产者联合起来，并为其提供专业、合理、高效的支持，从而实现优质内容的输出，保证商业变现的稳定性。

美妆博主"李××"背后正是这样一支专业的工作团队，上海美 ONE（美腕）科技有限公司，其不仅能够帮助美妆博主小李在直播卖货的过程中的一系列复杂流程的有效完成，同时在直播结束后将其直播中的内容剪辑为不同时长的短视频，配以相应的音乐及文字，发布于抖音平台之中。整个团队各司其职，不断努力优化视频质量，稳定内容输出，保持粉丝互动，成功地打造了"美妆博主李××"的个人 IP，使得美妆博主小李在美妆类目中能够稳居首位。

2. 案例成功的关键分析

（1）专业美妆素养营造个人品牌优势

通过对美妆博主"李××"在抖音平台共发布短视频的内容来看，其中大部分内容为测评类美妆短视频。视频中，其较常介绍产品的应用效果与使用方法，这两类内容的输出其专业的美妆素养息息相关。

通过对美妆博主"李××"的个人履历进行探究，不难看出其在美妆领域具有丰富的学习与实践经历，他曾学习艺术与设计专业，对美学的不断积累与练习，让他开始对美妆领域产生了浓厚的兴趣。2015年，他凭借专业的美妆知识与美学察觉力，一跃成为欧莱雅专柜的妆销售冠军，一线品牌的美妆工作经历不仅帮助他更好地与顾客进行沟通，同时不断拓展了他对于美妆类产品的深度学习，为其后期在视频中提供专业的美妆产品信息奠定了深厚的基础。

根据他的视频内容分析可知，美妆博主"李××"在短视频中为受众讲解了大量的美妆产品使用效果，从护肤产品的肤感、适用类型到美妆产品的试色，不断地为受众提供美妆类产品的选择依据。由于其赋有"口红一哥"的称号，其测评内容的选取中，口红产品的测评占据了绝大的内容板块，因此可以看出，口红产品是美妆博主"李××"抖音平台的重要选择主题之一。

在口红试色的过程中，其不仅对口红的使用效果进行展示，同时对口红的适用场合、产品质地以及肤色适用类型进行细致的分析，充分展示出其对于美妆产品的专业素养，让传播内容更具有专业性与可信度。

从受众角度而言，口红是众多女性群体的重要需求，而如何在繁杂的品牌、颜色中挑选最适当自己的口红产品，逐渐成为困扰众多女性群体的难题之一。美妆博主小李利用自己丰富的美妆知识储备与敏锐的审美能力，根据不同特点的受众提供了不同品牌、不同颜色与不同款式的口红产品，有效地满足了受众对于观看内容上的体验，帮助受众提供多个角度的专业信息，因此获得了良好的传播效果。

此外，在短视频内容的传播过程中，品牌形象的建立也占据极其重要的地位。从美妆博主"李××"个人IP的角度而言，在对"口红一哥"的词条进行搜索时，所检索的信息大部分与美妆博主小李相关。因此"口红一哥"的人设效应被美妆博主小李团队成功打造，使得受众在接触到口红时，便能自然而然的与美妆博主"李××"联系在一起，为美妆博主"李××"形成了一种有效的标签。在美妆博主小李抖音平台的运营过程中，同样利用这一标签，发布大量与口红相关的短视频内容，不断地加深受众对美妆博主"李××"的印象。同时，各类彩妆类的品牌方，特别是口红的相关品牌方还会与美妆博主"李××"合作进行产品联名，如Make Up Forever（玫珂菲）发布了由美妆博主"李××"亲自调色的"2+7"口红，还有一些品牌方选择与美妆博主"李××"合作进行新品首发等形式。此外，美妆博主"李××"还在抖音平台中发布一些与彩妆内容相关的挑战，如2019年3月曾在抖音账号中发起用筷子涂口红的挑战，该挑战截止到2020年12月已达到5294.6万次播放量，进一步提升了其视频的传播效果，不断巩固其专业美妆素养的个人品牌形象。

（2）符号化语言强化受众互动模式

美妆博主"李××"所发布的测评类美妆短视频中，常常会使用不同的语言对产品进行形容，加深受众对产品的向往。他所使用的符号化语言在短视频中反复出现。比如在形容香水的味道时，他会以"从王家卫电影中走出的女主角""自带优雅与自信的月光女神"去进行象征性表达，为香水赋予不同的意义价值，在口红产品的测评过程中，他会采用"复古名媛""果汁汽水女生"形容不同颜色与品牌的口红所带来的不同意境，为本来普通的美妆产品，提供独一无二的符号化表达。

美国社会学家米德曾提出符号互动理论，是传播学史上的经典理论之一。该理论认为正是符号的存在，人类社会才得以正常地进行互动。而在互动的过程中，会采用诸如语言、文字或体态语言、表情等一系列象征符号，而符号的存在，正是人类社会所赋予其的特殊意义。因此，在现代社会中，伴随着互联网的产生也逐渐产生了许许多多的网络符号，能够帮助网络受众有效的表达情感，同时增强了受众对某一群体的归属及认同感。美妆博主"李××"所发布的美妆视频中正是通过符号语言的传递方式，采用既具有感情色彩的语气，对大众无法分辨的美妆产品进行象征性表达，为受众营造一种符号感的氛围，从而在短时间内吸引受众。

从受众的购买心理进行分析，购买彩妆不仅仅是日常妆容的需要，更重要的是能够满足消费者内心中的诉求，为受众提供一定的满足感。对于美妆产品的追求更像是寻求内心的认同感，追寻该产品背后所带来的符号化消费，为自己追求到一种合意的身份，从而向他人传递该产品所代表的社会品味、属性等信息，为自己进行自我暗示与引导，从而获得社会归属感。因此，美妆博主"李××"在抖音平台所发布的视频正是巧妙地抓住了受众对于美妆产品妆容及心理上的需求，强化了与受众之间多维度的社交互动，因此获得了良好的传播效果。

同时，美妆博主"李××"在抖音平台所发布的短视频中常常出现"oh my god""所有女生""买它"其独特的语言符号能够让所发布的短视频产生较高的辨识度，同样能够提升其短视频的传播效果。这些既具有个人色彩及标志性的语言符号的使用，不仅加深了受众对该短视频的印象，同时有效地为美妆博主"李××"形成个性化的语言标签。在网络中也兴起了一大波模仿风潮，2019年5月博主"天天小朋友"曾因模仿美妆博主小李的语言及动作极其相似，受到了广大受众的大量互动，美妆博主小李团队也送给该博主许多教辅材料以及四大名著等礼物，与网友形成了暖心的互动。此外高德导航与美妆博主"李××"合作的语音导航也同步上线，再一次为美妆博主"李××"的短视频传播提供了帮助。这些标志性符号语言的使用，不仅仅表达了"李××"的个人情感，同时还在无形中给予受众一定的心理暗示，用较为夸张的语言表达了对该产品使用感的肯定，从而影响受众的消费决策。同时，这类符号语言较为通俗易懂，简单有效，能够在较短的时间内拉近与受众的距离。

（3）全画幅精剪视频增强用户观看体验

美妆博主"李××"所发布的测评类美妆短视频内容中，视频时长在一分钟以内的短视频占比较多。时长较短的视频，一方面在很大的程度上能够迎合受众对于短视频内容的接受需求，另一方面能够在较短的时间内表达出传播主体想要表达的核心观点。

与此同时，根据对其测评类美妆短视频的内容进行分析不难发现，内容多数对其在直播间内容的切分。其后期团队通过对较长的直播内容进行二次剪辑、分析与制作，将其短视频内容的核心观点,在最短的时间内进行最大化的表达。其采用的方式,首先,是将美妆博主"李××"在短视频中所表达的语速调整到一个较快的频率,一方面能够保持视频的传播时长在一分钟以内,另一方面能够帮助传播者在较短的时间内表达出较多的重要信息。其次,在对美妆博主小李的直播视频进行精剪的过程中,一方面将与产品信息相关性不强的无用性内容进行删减,保证整体视频核心观点的准确传达;另一方面将视频中的停顿部分进行截取,减少表达过程中所存在的非必要停顿,帮助受众在短时间内接受大量与产品相关的重要信息内容。从以上方式中可以看出,美妆博主"李××"所发布的测评类美妆短视频之所以能够产生较好的传播效果,不仅在于很好地抓住了受众对于精剪视频的阅读需求,同时能够在较短的时间内传达出较丰富的信息量,因此能够在美妆领域稳占头部。

短视频应用的出现,让短视频的传播迅速进入到"竖屏"时代,基本以全画幅的呈现形式为主,更加符合当下受众对传播内容的接收需求。与此同时,伴随着互联网络速度传输的不断提升与拍摄设备的不断创新,全画幅的内容传播不仅能够更加清晰地表达出内容中所涉及的各类产品信息,同时能够将人物作为传播主体,将受众的注意力聚焦于任务所表述的内容中,更好的帮助受众接收视频中所传递的各类信息内容,进一步强化受众对于内容的观看体验。

二、互动参与类短视频案例

(一)互动参与类短视频的介绍

互动参与类短视频实则就是一种由明星或头部 KOL 发起的面向受众方向发力的短视频广告类型。在这一类型的短视频的传播中最为重要和基本的要求就是受众积极主动的参与,从而引发扩散的集群效应,使得品牌或产品曝光率增加、知名度提高,得到营销价值的最大化。

各个短视频平台如抖音、快手以及美拍的运营中,挑战赛模式是这些平台引发用户参与的一种常态化营销模式。挑战赛是品牌依托短视频平台进行独家定制的高质量话题,品牌能够接洽平台方的开屏页面、信息流、明星/KOL 等全流量资源入口,深度挖掘运用受众趋于"模仿"的心理逻辑从而实现万众参与的传播扩散,以达到品牌营销的最终目的。人们对于挑战总是会存有一种莫名的执着,所以这类挑战赛就能极大引起受众参与到发布相关短视频活动中来的重要原因。然而,虽然名为挑战,本质上相关品牌方、平台方早已预先设下各种样式的传播模版样本,必须在示范案例、固有贴纸、标准音乐的使用基础上用户才能对内容进行二次生产,实则挑战的难度已经被极大的缩减弱化。品牌或平台方通过这样的方式实现了与用户对短视频的共同创造。

互动参与类的短视频充分适应了抖音等短视频平台的运营逻辑即用户创造内容,受众的主动参与扩大了品牌传播的影响力。对于中小企业来说,短视频这样的广告形式前期资金投入少、物料使用简单,中期平台数据赋能、效能提升,后期评论互动,能不断维系与受众的情感链接,最为理想的互动参与类短视频的使用形式莫过于此。

（二）互动参与类短视频的案例分析

1.四川省若尔盖县景区短视频案例

2021年国庆期间，文旅部数据显示，10月1日至7日全国国内旅游出游5.15亿人次，按可比口径同比减少1.5%。全国的旅游市场都呈现出下滑态势。然而四川省若尔盖县旅游市场却"热火朝天"，其中黄河九曲第一湾景区、花湖生态旅游区强势突围，接待旅游人次同比增长25%和10.8%。

抖音短视频在推广若尔盖景区中起到了非常重要的作用。从2021年4月开始，若尔盖县文化体育和旅游局着手布局若尔盖县域线上旅游营销体系。之后委托专业的旅游营销团队四川××文化旅游有限公司进行抖音短视频营销。短视频以"若诗、若画、若尔盖"三大营销主题，分景点旅游种草推荐，场景化展现若尔盖的大草原、大湿地生态环境，形成前期的内容铺垫。如图7-2-3所示。

图7-2-3　抖音的"若尔盖人间"值得话题

同时利用中秋节、国庆节以及在若尔盖召开的四川国际文化和旅游节策划节庆化内容营销，前期的内容铺垫在节庆特定节点得到最大限度的释放。其中自建的"若尔盖人间值得"专属话题，当时两个月播放量达到了673.3万次，国庆期间单条视频最高播放量达到200万次，从而实现线上流量集聚带动线下旅游消费。

除了从整体营销运营的角度来看待若尔盖的旅游推广，还可以从短视频的制作角度来分析其中高点播率的视频。

图7-2-4 "若尔盖国庆必去的五个地方"短视频截图

如图7-2-4,这个收藏量达1万的短视频为活动方策划制作,其标题为"若尔盖国庆必去的五个地方"的小视频,标题字数不超过20字,采用两行结构,加入数字,内容简单明确。短视频的拍摄部分,取景大气壮阔、拍摄专业,运镜流畅,后期字幕和配乐也采用年轻人喜欢的自然轻快风格。

2. 抖音挑战赛案例

挑战赛是一种整合打通抖音站内资源的合作模式,包括定制挑战、核心入口展示、达人互动、定制贴纸、音乐入库等。案例有很多,例如2019年8月美国知名膨化食品品牌奇多(Cheetos)为了推广其玉米棒等产品于抖音平台发起"奇多奇葩吃"挑战赛(如图7-2-5所示),由两个女明星在企业官方蓝V账号发布挑战赛,并相继推出品牌logo和产品动态贴纸,邀请普通用户使用奇多官方贴纸充分发挥创意才智参与挑战传播,最终活动在短短一个星期内收获了将近4.5万个短视频并且取得了5.5亿次播放。

图7-2-5 "奇多奇葩吃"挑战赛案例

最早在 2017 年 10 月抖音联合必胜客发起的 #DOU 出黑，才够 WOW# 的挑战赛。抖音为必胜客深度定制了挑战赛的背景音乐、360 度的全景贴纸和系列面部贴纸等，并邀请来某小野、某安妮、某土豆等抖音达人录制挑战赛示范视频，最大限度地宣传了必胜客的新品。

此后陆陆续续有多个品牌在抖音上发起营销战役，包括 Airbnb、Michael Kors、汉堡王、海底捞等品牌。

Michael Kors 携手抖音开展以 "THE WALK" 营销活动推出 # 城市 T 台，不服来抖 # 主题挑战赛，在短短一周内吸引了 3 万多抖音用户自发创作短视频，收获超过 2 亿播放量、850 万点赞数，大幅提升 Michael Kors 在中国时尚年轻群体中的品牌影响力。

汉堡王也与抖音玩起了跨界合作，在线下将一间门店改造成魔性主题定制店，围绕 # 舔到肘，算你赢 # 的话题，推广限时新品德式烤猪肘堡，这个话题也成了抖音上的一个热门挑战，吸引了不少年轻人用自己的方式挑战 "舔肘"。

还有一个上海的脑洞 "95 后"，在海底捞发起 "海底捞" 挑战，挑战的内容是：只要去海底捞吃火锅，说要点 "抖音套餐"，服务员就心领神会，为你提供 DIY 食材，比如菠菜海鲜粥、特浓番茄牛肉饭等。将海底捞的服务、产品（火锅）结合消费场景（堂食），让消费者深度参与其中。通过抖音平台，将 UGC 内容进行传播，以吸引消费者进店消费，参与 DIY 创作，引发美食、生活类 KOL 跟风传播，大大缩短用户与品牌之间的转化路径。

过去，品牌想接触到用户要从信息触达、唤醒、找回等多个环节，但抖音通过短视频这种沉浸度的呈现方式，可以将品牌和用户的距离缩的很短，在这种情况下用户的转化性也会极大地增加。目前抖音的品牌主页上，可以定制品牌头图、账号头像蓝 V 身份认证、文字介绍，支持品牌官网、电商渠道的转化入口、话题挑战赛内容聚合以及支持置顶的品牌视频等功能。除常规的开屏广告、信息流广告之外，抖音目前还为品牌主提供了互动贴纸、KOL 或明星的合作矩阵、挑战赛等广告投放方式。

三、戏剧冲突类短视频案例
（一）戏剧冲突类短视频的介绍

大众自媒体在社交短视频平台发布的短视频的类型中，戏剧冲突类的短视频广告往往更能代表 UGC 模式（用户创造内容）和 PUGC 模式（专业用户生产内容）的创意性和新鲜感。在移动网络不断发展的背景下戏剧的展示早已经突破了传统戏剧表演舞台的局限，从广播、电影、电视再到移动端的丰富多彩，其传播形式已然发生了巨大的改变。而受到短视频平台的时长限制，戏剧在短视频平台中主要以情景短剧的表演形式展开。情景短剧需要在有限的时长内尽力表现出戏剧所要求的矛盾对立、起承转合，所以其中的戏剧冲突感展现在观众眼前时会显得异常激烈，更加让人印象深刻。

戏剧冲突类的短视频所带来的广告效应与一般电视剧、电影中出现的植入式广告所不同的是，传统的植入类广告一般不参与主要戏剧情节的展现，通常只是作为辅助点缀与戏剧情节的展开之中，而且通常给到观众的感觉是猝不及防毫无心理预期的，这就难免让观众深受打扰，营销效果也会大打折扣。而戏剧冲突类的短视频，整个情景剧情的设置大多是为某个产品所展开的，甚至一些短视频内容制作者并不会掩饰广告的本质，从一开始就会大方地告诉观众这就是广告。真正吸引观众看下去的一定是这个内容制作者长期以来对于情景短剧戏剧冲突表现力的坚持，让观众觉得纵使其是广告也定是让人心情愉悦的广告。

剧情的冲突、视效的冲击，戏剧冲突类短视频广告实则把控的就是对于"刺激"的制造环节，受众于一个个刺激点中对于广告信息的重要内容记忆深刻，且一般不会主动去思考情节本身是否合理或过于荒诞。戏剧冲突类短视频广告的内容生产者充分挖掘自身生活体验场景，结合时事热点进行情节安排，最终能够利用戏剧冲突联系广告商品的特点吸引留住受众，实现受众在冲突刺激中强化对品牌、商品或者服务卖点的记忆。

（二）戏剧冲突类短视频的案例分析

1. 案例背景介绍

《××六点半》由云南××江湖文化传播有限公司拍摄制作，是一部创意爆笑迷你网络剧，利用电视剧的拍摄方式，提供夸张幽默的短视频。之所以叫"××六点半"，是因为该剧的导演叫陈××，毕业于云南大学，大学时每天早上六点半寝室准时来电，所以寝室工作组最早的工作时间是六点半，因此当时寝室起名叫"六点半工作室"，该名字一直沿用至今。《××六点半》团队包括导演陈××在内有十几个固定演员，在剧中有固定的名字，名字十分随意，都与自身特点有关，如蘑菇头、球球、茅台、润土、妹爷等。该剧围绕这些固定角色，展开无固定人物关系，无同一时间脉络的碎片化故事演绎。如图7-2-6所示。

图7-2-6 《××六点半》抖音主页

《××六点半》播放平台有爱奇艺视频、优酷土豆、搜狐视频、腾讯微视、哔哩哔哩、斗鱼直播、美拍、秒拍、快手、抖音等多达二十几个平台，仅在优酷和爱奇艺上的播放量就已累计超过18亿次（数据搜集于2018年4月，2018年9月，爱奇艺已关闭显示播放量功能）。该剧每集在 10 分钟左右,由若干个小故事组成,有固定演员、固定角色,但无固定的人物关系,以幽默、夸张地方式讲述生活中的趣事。该剧不是传统意义上的情景喜剧,网友所称为的"段子剧"更为确切,具有鲜明的互联网特征。

2.案例内容分析

这里主要从《××六点半》短视频的人物、场景和剧情进行分析。

(1)人物

《××六点半》受众男女比例情况也是以男性为主。而男性角色在该剧中所扮演的家庭角色为丈夫与父亲的情况更为常见,几乎有超过一半的男性角色在剧中扮演父亲或丈夫的角色。而《××六点半》的受众主要集中在 30—39 岁的男性群体中,而这一群体在现实生活中的家庭角色也恰恰是丈夫与父亲。

因此,可以看到,《××六点半》中表现的男性形象与其主要受众情况十分接近。相似的群体经验构成了与受众共通的意义空间,剧中所表现的情节与吐槽的"槽点"往往也是受众在生活中实实在在发生的事,如此更容易拉拢受众,引起情感的共鸣。

(2)场景

《××六点半》中的故事场景都具有极其生活化的特点,贴近大众生活,是日常生活中非常容易接触到的场景,其中家、路边、办公室(公司)是高频出现的三个场景。而从《××六点半》受众年龄分布来看,其受众主要集中在 20—39 岁之间,其中 30—39 岁所占比例接近 50%,而这部分群体大多数的日常无外乎是家、公司两点一线,而街道是每个人都十分熟悉并必不可少的场景。

由此可见,《××六点半》对场景的选择与受众的真实生活十分契合,而这样做的目的也在于与受众有共通的意义空间——相似的生活环境。这样的场景设置更能引起观众的心理共鸣,对剧情也容易有贴近现实的理解。另一方面,对于《××六点半》的拍摄剧组来说,生活化的场景设置,也能节约更多的拍摄成本。

(3)故事背景

《××六点半》的故事内容取材于大众关注的社会热点事件与生活琐事,在一定程度上映射了受众的价值倾向与情感诉求。但作为一部喜剧短视频,为追求其幽默效果,该剧将热点事件与关注话题通过搞笑段子的方式呈现,用调侃的语调塑造了一个荒诞的社会生活。例如尴尬的校园恋情、游戏的婚姻关系、简单粗暴的教育和荒唐的社会道德是其常用的剧情故事背景。这些故事背景取源于日常生活,幽默诙谐,又反映了现实的无奈,使得受众愿意花时间去看这样一个短视频,受众在短视频中仿佛也看到了自己。

(4)角色塑造

亚里士多德认为,喜剧的目标是把人描述得比我们今天的人更坏,这里的"坏"并不指"恶",而是指"丑"。而这种"丑"是无害的,不会让人感到痛苦,能带来一种滑稽的感受。在《××六点半》中,通过反串、倒置、夸张的手法塑造了丑怪的人物形象,使人物产生不协调的视觉效果,构成剧幽默叙事的重要视觉元素。

（5）剧情反转叙事

《××六点半》在叙事手法上大量使用反转叙事。"反转"是一种打破常规思维、使剧情发展与人物设定向其对立面转变的叙事方式，反转的本质是使故事情节前后不协调，故事的叙述与观众的解读不平衡，从而增强其戏剧性。预期与实际之间的矛盾冲突是产生幽默效果的关键，在喜剧中使用反转叙事手法，正是产生不协调效果的重要手段之一。

不过于剧中反转手法的使用过于频繁，对于固定受众而言，反转已经成为一种熟悉的"套路"，几乎每一集都会有网友在弹幕中讨论该集何时会"翻车"（反转）。反转的叙事手法本是通过人物与情节往对立面的转变造成一种意外的效果，但过度使用反转的手法，固定受众已经形成了一种对应的心理机制，不会再以一种常规的思维和经验进行情节的预测，当受众的常规心理图式失效时，也就不会造成预期与实际的强烈冲突。因此，当反转造成的意外效果不再是一种意外，而是观众的一种预期效果，受众的审美疲劳会使反转的叙事手法失去幽默叙事功能。因此，该剧在对反转手法的使用中，应该尽可能地涉猎更多内容，涉及更广泛的题材，反转的手法虽然让固定观众习以为常，但在反转的内容上保持新鲜感。

3. 案例成功的关键分析

（1）专业人才，抢先入局

创始人兼总导演陈××曾在云南大学就读影视专业，毕业后入职云南电视台制作情景喜剧。2014年，陈××开始创业，打造短视频系列《××六点半》，成为短视频领域较早的入局者。电视台的工作经历让陈××在短视频制作上轻车熟路，"专业人员一出手，就是精品"。同时，剧中的演员也基本都是专业演员，演技在线。

（2）准确定位，多平台收获粉丝

2014年，《××六点半》第一个短视频上线，迄今为止已发布了超过2500条内容，播放平台超过40个，全网的粉丝量已经超过6000万。《××六点半》的短视频单集在2～4分钟，故事都是小人物的窘事笑话。主创人员从节目创立之初就抓住了市场的差异化需求，抛弃了一线城市精英白领这一早期短视频的主流用户群，直接面向二三线城市的非精英群体，努力满足这一庞大人群尚未被市场重视的文化娱乐需求。陈××在采访时对作品做出了这样的解释："它就是生活，是二三线城市普通百姓的生活。"

（3）多形式巩固IP，搭建"六点半家族"体系

为了牢牢把握住在二三线城市及小镇乡村获取的第一波红利，从短视频开播之日起，陈××就有了搭建"六点半家族体系"的产品思路。除了《××六点半》之外，陈××团队还衍生开发出爆笑短剧《六点半日记》、爆笑动画《六点半变变》。在短视频这个领域里细分出三种产品，深深浅浅错落搭配，形成了全方位的布局，通过多种内容形式，在粉丝心中强化并巩固"陈××六点"这一原始IP。

（4）聚焦IP本质，坚持"内容日更"

陈××及其团队很清楚，尽管《××六点半》是一个短视频IP，但这个IP的本质依旧是创意。从创立之初，团队内的编剧们每人每天都会提出5个创意，每周开一次剧本会，编

剧、导演不断地修改和加工创意,最终形成了"内容日更"的模式,有效掌握了擦亮这个IP招牌的又一法宝。

职业技能训练

1. 训练目标

(1)掌握短视频的分类,并有针对性地进行案例学习。

(2)通过了解优秀的短视频案例,提升自己对短视频案例的鉴赏能力。

2. 训练内容

根据文案案例学习的方法,进行短视频案例学习训练。

3. 训练评价

考核标准	考核内容	得分
短视频案例分类	三种	50
优秀文案案例鉴赏	说出哪些地方优秀	50

参考文献

[1] 谭俊杰 . 短视频文案编写从入门到精通 108 招 [M]. 北京：清华大学出版社 , 2021.

[2] 蔡雯 , 许向东 , 方洁 . 新闻编辑学：第 4 版 [M]. 北京：中国人民大学出版社 , 2019.

[3] 任立民 . 文案策划 [M]. 北京：电子工业出版社 , 2018.